Manipulation im Alltag

Die 25 Techniken der dunklen Psychologie, denen Sie täglich begegnen.
So erkennen Sie die Waffen der Manipulatoren und behalten die Kontrolle über Ihr Leben

Felix Gerste

Inhaltsverzeichnis

Trigger-Warnung

In diesem Buch geht es um Manipulationstechniken. Entsprechend wird auf Manipulation durch Angst eingegangen. In **Kapitel III** werden verschiedene Themen eingehend vorgestellt, darunter Manipulation durch **Gewalt in der Partnerschaft (4. in Beziehungen, speziell Femizide, 10. Gaslighting und 11. Victim-Blaming)**, durch **„Gehirnwäsche" in Sekten (5. in Sekten)**, sowie emotionaler Missbrauch durch **Narzissten (6. Narzissmus)** und **sexualisierte Gewalt** durch den selbst ernannten „Wunderheiler" João Teixeira de Faria **(13. die letzte Hoffnung: „Wunderheiler").**

Außerdem geht es in **Punkt acht um Waffengewalt in den USA,** also **Amokläufe** an Schulen und die Finanzierung der US-Politik durch die Waffen-Lobby NRA. Auch **Polizeibrutalität** im Kontext der **Black-Lives-Matter**-Bewegung ist in **Punkt neun** Thema.

Des Weiteren werden die manipulative Rhetorik und das Stigma gegenüber Schwangerschaftsabbrüchen in der **„Pro Life"- vs. „Pro Choice"-Debatte (7. „Wir" vs. „Die": Manipulative Rhetorik)** angesprochen. In 15. **„Diet-Culture"** steht das ungesunde Körperideal, das durch Diäten – vor allem in den frühen 2000ern – propagiert wurde, im Fokus. Aus Gründen der Aktualität soll auch das Thema **Impfung und Impfgegner (12. Verschwörungstheorien: Anti-Vaxxer)** hier erwähnt werden.

Wenn Sie die genannten Themen aus persönlichen Gründen vermeiden wollen, seien Sie mit dem Inhalt dieses Buches bitte vorsichtig. Sie müssen sich nicht zwingend mit Themen konfrontieren, die Sie in Stress und Angst versetzen. Ihre mentale Gesundheit steht im Vordergrund und darf nicht unnötig aufs Spiel gesetzt werden. Im Inhaltsverzeichnis sind alle Themen in Kapitel III noch einmal aufgelistet. Sollte es noch andere Themen geben, die für Sie einen Stressfaktor darstellen, so finden Sie alles Weitere dort.

Einleitung

Dass wir alle im Laufe unseres Lebens das eine oder andere Mal manipuliert werden, akzeptiert selten jemand kommentarlos. Die Manipulation ist schließlich negativ konnotiert und wird mit bösen Absichten gleichgesetzt. Dabei wird das Wort „Manipulation" schlicht als ein Handgriff oder eine Handhabung beschrieben. Eher noch als eine Handvoll. Immerhin stecken die lateinischen Wörter für „Hand" und „füllen" darin. Die Verbindung zu dem „undurchschaubaren Vorgehen", mit dem jemand sich einen Vorteil verschafft und etwas ihm Begehrtes gewinnt, füttert die Angst vor Manipulation im Sinn von Betrug. Gut, bei dieser Definition kann man nur davon ausgehen, dass da nicht alles Gold ist, was glänzt. Besser Vorsicht als Nachsicht, richtig? Aber: Denken Sie an böse Absichten, wenn Sie Werbung schauen? Nachrichten zuhören oder Zeitung lesen? Glauben Sie, der Supermarkt um die Ecke manipuliert Sie, wenn Sie Ihren Wocheneinkauf erledigen?

Natürlich tut er das.

Von der Beleuchtung über die Verpackung bis hin zum Platz des Produktes auf dem Regal: Manipulation. Die Markenprodukte liegen auf Augenhöhe. Ist Ihnen das schon mal aufgefallen?

In der Werbung rasieren sich die Damen nur glatte Beine und die Herren sind dank eines neuen Duftes so unwiderstehlich, dass eine geheimnisvolle Blondine nicht anders kann, als mit ihren Händen über den hochwertigen Maßanzug zu streichen: Manipulation.

Zeitungen sprechen ihre Leserschaft mit reißerischer Aufmachung oder sachlichem Titel an, genauso Nachrichtensendungen: Einmal gehen emotionale Bilder und Videoausschnitte um die Welt und ein anderes Mal fragt man sich, welcher arme Journalist denn ein Studium und anschließend ein Volontariat absolviert hat, um am Ende doch nur das Outfit einer prominenten Person zu kommentieren, die das Pech hatte, beim Einkaufen in Jogginghosen abgelichtet zu werden.

In Zeiten sozialer Medien mit Effekten und Filtern bleibt die Frage nach einer realitätsnahen Berichterstattung oder – generell – Präsentation immer häufiger offen.

Manipulation – besonders in den Medien und im Marketingbereich – ist mehr oder weniger das Spiel mit der Assoziation: der Verbindung, die der eigene Kopf mit den gegebenen Informationen knüpft. In der Werbung soll die Dame also das Versprechen von tagelang glatten Beinen mit dem Produkt verknüpfen. Der Herr soll sich selbst im Maßanzug und an der Seite einer mysteriösen Blondine wiedererkennen, wenn er den Duft kauft. Selbst die Musik, die für dieses Ziel ausgesucht wird, muss zur Stimmung passen, die vermittelt werden soll.

Wenn Sie also genau darüber nachdenken, manipuliert uns unser Umfeld ständig zu Entscheidungen und vermittelt uns dabei gleichzeitig das Gefühl, diese Entscheidungen selbst getroffen zu haben. Manipuliert? Sie? Wir? Nein, wieso?

Selbstverständlich muss Ihre Welt jetzt nicht aus den Angeln fliegen. Es reicht vollkommen aus, wenn Sie die Eindrücke in Ihrem Umfeld anerkennen und reflektieren. Die Impulse, die Ihnen gegeben werden, müssen nicht zwingend zu einem Ergebnis führen, das zu Ihrem Nachteil ist. Die Welt um Sie herum will Ihnen nichts Böses: Sie bietet Ihnen heutzutage nur zahllose Optionen, eine Richtung einzuschlagen. Ob es die richtige Richtung war, das entscheiden am Ende Sie allein.

Besonders in Beziehungen, die als „toxisch" charakterisiert werden, kann aber von bösen Absichten gesprochen werden. Das wird Personen, die eine solche Beziehung erlebt haben, aber erst im Nachhinein klar. In diesem Fall spricht man unter anderem von dem Vorkommen des sogenannten „Gaslighting". Dieser Begriff bezeichnet die verbale, psychische Misshandlung und Manipulation des Partners. Bis der Partner den Punkt erreicht, an dem er seine eigenen Gedanken nur noch hinterfragt. Aufgrund des gleichnamigen Theaterstücks *Gaslicht* (1938) von Patrick Hamilton, das das Thema der toxischen Beziehung aufgreift, etablierte sich das Wort dann 1961, um diese Gegebenheit passend zu beschreiben.

Sie sehen: Es gibt viele verschiedene Formen von Manipulation. Sind alle diese Formen wirklich immer schlecht? Kann man sogar sagen, dass einige Menschen manipuliert werden möchten? Welche Persönlichkeitsmerkmale weist eine manipulative Person auf und ist es möglich, diese Merkmale so einzusetzen, dass diese Person ihr Umfeld positiv beeinflussen kann, oder will sie nur Kontrolle zu ihrem eigenen Vorteil ausüben? Und gleichfalls: Gibt es Persönlichkeitsmerkmale, die dazu führen, dass man leichter manipuliert werden kann? Sich selbst in dieser Person wiederzuerkennen, scheint unvorstellbar. Aber dann müssen Sie sich fragen, warum diese Vorstellung Sie so abstößt. Welche Persönlichkeitsmerkmale verbinden Sie selbst mit jemandem, der sich leicht manipulieren lässt? Ist er schwach? Naiv? Leichtsinnig?

Und was, wenn nicht? Kann man überhaupt durch das Leben gehen, ohne so beeinflusst zu werden? In diesem Buch werden Sie eine Auswahl an Situationen, Szenarien und Techniken finden, die Ihnen dabei helfen werden, einen genauen Blick auf diese Eindrücke und Impulse zu werfen, damit Sie Ihren Umgang mit ihnen reflektieren und so dazulernen können. Sie werden in diesen Seiten genauso eine Antwort auf die Frage finden, ob Sie selbst manipulative Techniken im Alltag anwenden. Wichtig ist, dass Sie dazu bereit sind, diese Erkenntnisse auch anzunehmen. Sie können nur Neues dazulernen, wenn Sie sich dazu entscheiden.

Das ist eine Tatsache, die allem vorangestellt ist. Aber andererseits hätten Sie dieses Buch auch nicht gekauft, wenn Sie nicht dazulernen wollten.

Sind Sie bereit?

Kapitel I

Was ist Manipulation?

Was Manipulation ist, können Sie sich jetzt in etwa vorstellen. Die Frage, die jetzt folgt, lautet: Wie sieht jemand aus, der manipuliert? Gibt es so etwas wie einen bestimmten Typ Mensch, dem man das auf den ersten Blick ansehen kann?

Welches Gesicht hat dieser Mensch, der jetzt vor Ihrem inneren Auge auftaucht?

Kennen Sie diesen Menschen gut oder wird Ihnen in diesem Augenblick bewusst, dass sich das Gehirn kein Gesicht vorstellen kann, wenn kein konkreter Reiz dazu vorliegt? In etwa ein visueller Reiz in Form eines Fotos, zum Beispiel. Genau darin liegt ein großes Problem, wenn man sich mit dem Thema Manipulation auseinandersetzen will: Es gibt nicht den EINEN Typ „manipulativer Mensch". Sie können nicht hinausgehen und sofort erkennen, welcher der unzähligen Passanten manipulativ ist. Was Sie können, ist, zu verstehen. Verstehen, dass jeder Mensch, den Sie sehen – ob er in der Stadt beim Bummeln an Ihnen vorbeispaziert oder an der Kasse im Supermarkt hinter Ihnen steht – ein eigenes Leben führt. Ein eigenes Leben, das ihn individuell geprägt hat und dessen Tiefen und Windungen, Absichten und Motive Sie niemals vollkommen verstehen werden. Das Wort, das dieses Gefühl beschreibt, ist ein englisches: „sonder". Und es erinnert an die deutschen Worte „Sonderling" oder „sondergleichen".

Genauso macht Ihnen dieser Gedanke auch zu viel Angst. Was, wenn Sie diesen Menschen schon jahrelang kennen? Wieso ist Ihnen dieser Wesenszug erst jetzt aufgefallen?! Dieses Denken setzt ein Karussell in Gang, das selten gut ist. Deshalb muss Ihnen klar werden, dass es bei diesem Thema kein Schwarz-weiß-Denken gibt: Es gibt kein „gute Menschen“ vs. „schlechte Menschen“, weil Menschen nun einmal nicht gänzlich das eine oder das andere sein können. Der Umgang mit dem, was jedem von uns im Leben widerfährt, ist genauso von diesen Erlebnissen abhängig: Welche Lehren haben Sie im Laufe Ihres Lebens beispielsweise aus diesen Kapiteln gezogen?

Nehmen wir an, Sie ersetzen das Wort „Manipulation“ durch „Veränderung“: Kann eine Veränderung nicht auch etwas Positives sein? Ist es nicht etwas Gutes, einen Abschluss anzunehmen und einen Neuanfang zu wagen? Ihr Wissensstand verändert sich täglich, sei es im Austausch mit Freunden und Familie oder durch die Nachrichtenportale, die Sie verfolgen. Wenn Sie noch weiter in der Zeit zurückgehen wollen, denken Sie daran, wie Sie als Baby zusammenhangloses Zeug vor sich hin gebrabbelt haben. Jetzt können Sie sich aber in ganzen Sätzen ausdrücken. Hätte Ihr Umfeld Sie dabei nicht mit bestimmten Impulsen gefördert, sähe das wahrscheinlich ganz anders aus. Die Art und Weise, wie Sie sprechen, beeinflusst, also verändert und manipuliert somit ihr Umfeld und seinen Eindruck von Ihnen auch. Wenn Sie durch Deutschland reisen würden, bräuchten Sie in den unterschiedlichsten Ecken nur nachfragen, wie in dieser Gegend ein einfaches Brötchen bezeichnet wird: „Kaiser“, „Semmel“, „Wecken“ oder gar „Schrippe?“ Verrät Ihnen der gewählte Ausdruck nicht, woher die Person ursprünglich kommt? Haben Sie nicht bestimmte, auf Ihrem aktuellen Wissensstand basierende Vorstellungen von diesem Ort? Genauso würde die andere Person erahnen können, woher Sie kommen. Wenn Sie jetzt bei jedem anderen Wort, das eben nicht *Ihr* Wort für „Brötchen“ ist, die Stirn runzeln, dann erkennen Sie, dass Manipulation nicht nur schwarz-weiß ist. Es hat Nuancen und Facetten, die im Alltag alle vorkommen. Und nein, Sie können sich dem nicht ganz entziehen. Es sei denn, Sie entscheiden sich dazu, von heute an in einer Blase zu leben. Der Austausch untereinander manipuliert, also verändert Menschen. Der Unterschied, den Sie zu erkennen lernen müssen, ist der zwischen der gängigen und der gezielten Manipulation. Eine gezielte Manipulation bezeichnet hierbei den Umstand, dass Sie über bestimmte Vorgänge im Dunkeln gelassen werden und das, obwohl diese Informationen eigentlich ausschlaggebend für eine fundierte Meinung über diese Sache wären. Dabei weiß die Person, die Sie in eine bestimmte Richtung weisen will, aber sehr wohl von diesen Details und entscheidet sich bewusst dagegen, sie Ihnen mitzuteilen. So wird das gewünschte Ergebnis erzielt.

In der Weltgeschichte kommen solche gezielten Manipulationen häufig in der Politik zum Tragen.

Propaganda ist eine Form der Manipulation, die ausschließlich mit der Politik verbunden wird. Kriegspropaganda im Ersten und Zweiten Weltkrieg brachte zum Beispiel unzählige Soldaten dazu, sich für den Kriegsdienst zu melden. Wer aus nachvollziehbaren Gründen nicht kämpfte, der erhielt unangenehme Titel wie „Feigling“. Kam ein Soldat als Kriegsversehrter nach Hause zurück, war dieser aufgrund erlittener Traumata nicht mehr nützlich für die Gesellschaft und wurde so nur eine finanzielle Belastung für den ohnehin schon vom Krieg geplünderten Beutel. Die Ästhetisierung des Krieges, also visuell ansprechende Darstellung durch gezielten Einsatz von verfügbaren Medien, nahm der Bevölkerung damals wie heute die Angst vor der Wirklichkeit aus Blut und Bomben im Kriegsgebiet. Besonders im Ersten Weltkrieg wird die Popularisierung des Kampfes der Soldaten auf Postkarten und Postern erkennbar, die so für den Krieg und sein angebliches Heldentum werben. Sie brauchen nur einen Blick in Erich Maria Remarques *Im Westen nichts Neues* zu werfen, um über das krasse Gegenteil zu lesen.

In der jüngeren Geschichte übernimmt diese Aufgabe das Fernsehen. Dabei genießt die westliche Welt das Privileg oder das Glück, Kriegsgeschehnisse nur durch Lieferengpässe oder Preiserhöhungen zu spüren zu bekommen. Das Wort „Preiserhöhung“ klingt übrigens nicht so markerschütternd wie „Inflation“, sehen Sie?

Die Inflation, die uns aus der Geschichte bekannt ist, ist die um den „Schwarzen Freitag“ im Jahr 1929. Wo früher das Geld das Papier nicht wert war, auf dem es gedruckt wurde, ist der „Black Friday“ heute ein beliebter Ausverkauf mit Rabatten nach den Thanksgiving-Feiertagen.

Wie viel Zeit vergeht, ist egal. Immer wieder kristallisiert sich eines klar heraus: Das Thema Manipulation kommt ohne die Assoziation nicht aus. So kommen auch Symbole ins Spiel, die gleich eine bestimmte Assoziation hervorrufen und genau das auch sollen. Bestimmte Melodien von Werbe-Jingles, Gerüche oder einfach ein bestimmtes Wort reichen aus, um eine gezielt platzierte Erinnerung aus den Tiefen des Gedächtnisses zu holen. Das bekannteste Beispiel ist das mit dem roten Apfel: Wenn Sie nicht an einen roten Apfel denken sollen, fällt es Ihnen bestimmt schwer, genau das nicht zu tun. Schließlich wurde Ihnen mit dieser Aussage ein roter Apfel angeboten. Der visuelle Input der Farbe Rot ist also da, sowie der des Apfels. Wieso sollten Sie da an eine Orange denken? Wie zuvor erwähnt, kommt das Gehirn ohne vorherigen Input schlecht aus. Deshalb können Sie eine Sprache, die Sie in der Schule einmal hatten, eher verstehen, als sie selbst zu sprechen.

Die Art der Manipulation und wie Sie diese aufnehmen, hängt vom Kontext und der Wortwahl ab. Auch davon, ob Ihnen eine Person sympathisch ist oder nicht. Ist das der Fall, fällt es Ihnen schwerer, zu glauben, dass diese Person Sie eigentlich manipuliert. Charisma, Charme, eine gewählte Ausdrucksweise und hier und da ein kleines Lächeln. Vielleicht sogar eine leichte Berührung am Arm zum richtigen Zeitpunkt, um die positive Assoziation zu unterstützen. Natürlich mögen Sie diese Person auf Anhieb! Sie ist lustig, ihre Gesellschaft ist angenehm – wie kann man so jemanden nicht mögen?

Vor allem in Beziehungen, die eigentlich von gegenseitiger Wertschätzung und Liebe geprägt sein sollten, geht die verschobene Kräftedynamik häufig unter, weil eine Partei nicht realisieren kann oder will, dass Manipulation im Spiel ist. Der „Geber" in dieser Beziehung gibt, gibt und gibt, während der „Nehmer" fordert, nimmt und dann noch mehr fordert. Schlimmstenfalls so lange, bis nichts mehr vom Selbstwert des Gebers übrig ist. Sich als Außenstehender die Frage zu stellen, warum der Geber in dieser Dynamik die Beziehung nicht „einfach" beendet, ist nicht angebracht. In einer solchen Beziehung muss der Geber erreichbar und bereit dafür sein, seine Beziehung als toxisch einzusehen. Er muss selbst erkennen, dass etwas nicht stimmt und sein Selbstwertgefühl daraufhin durchleuchten. Auch das ist ein Gedankenkarussell, das früher oder später in Gang gesetzt werden muss und sehr viel Energie kostet. Die mentale Stärke, sich von seinem toxischen Partner zu trennen, muss erst durch intensive Beschäftigung mit sich selbst und den eigenen Entscheidungen aufgebaut werden. Das ist ein großer Schritt, der nicht unterschätzt werden sollte. Der Heilungsprozess ist langwierig und verläuft nicht linear. Auch die Angst, ein vertrautes Umfeld – egal wie schädlich – zu verlassen, fordert nicht nur mental, sondern auch körperlich seinen Tribut. Das sind alles nennenswerte Punkte, die solche einschneidenden Entscheidungen beeinflussen. Allein alle drei Tage stirbt eine Frau durch die Hand ihres einstigen Partners. Jede fünfte Frau erlebt derzeit häusliche Gewalt oder hat diese im Laufe ihres Lebens schon erleben müssen. Das sind Zahlen, die Frauen betreffen. Auch Männer werden Opfer häuslicher Gewalt, die aber durch das toxische und veraltete Bild des Mannes als stets dominant und gefühlskalt stark stigmatisiert werden. Die Zahlen von jeweils 81 % und 19 % bleiben jedoch erschreckend. Hier muss man sich die Frage stellen, ob es überhaupt so etwas wie eine Anfälligkeit für Manipulation gibt.

Wer ist anfällig für Manipulation?

Niemand lässt sich bewusst manipulieren. Es gibt nicht einen Menschen, der sich hinstellt und sagt: „Ich würde gern manipuliert werden, danke!“ Manipulation ist größtenteils passiv, denn man wird gewissermaßen zu einem Versuchsobjekt, an dem der Manipulator seine Grenzen austestet. Je weiter er mit seinem Versuchsobjekt gehen kann, desto mehr traut er sich zu. Doch das passiert nicht von heute auf morgen: Manipulative Persönlichkeiten suchen sich bewusst Menschen aus, denen etwas fehlt. Sei es Anerkennung, Liebe und Zuneigung, Geborgenheit oder Sicherheit. Das bieten sie dann angeblich und wohl wissend, dass die andere Person Angst hat, das zu verlieren. Diese Person ignoriert dann unterbewusste Warnsignale ihres Körpers, um die Stabilität, die sie durch den Manipulator gefunden zu haben glaubt, nicht zu riskieren. Auffällig ist hierbei die bereits erwähnte, verschobene Kräftedynamik. Der Manipulator macht sein Versuchsobjekt durch etwa finanzielle Zuwendung abhängig von sich, nimmt ihm nach und nach den Freiraum und isoliert es von Freunden und Familie. Das ist die traurige Realität von toxischen Beziehungen. Es ist ein Auf und Ab von täglichen Konflikten und emotionalen Entschuldigungen, gepaart mit haltlosen Versprechen. Und bevor Sie sich jetzt darüber aufregen, warum in diesem Kontext der Begriff „Versuchsobjekt" benutzt wird – schließlich sind Menschen keine Objekte – dann stellen Sie sich im Gegenzug die Frage, wie ein Manipulator einen Menschen, an dem er seine Grenzen austestet, sonst betrachtet. Fühlt sich dieser Mensch als solcher? Wird er so behandelt? Wird er respektiert und wertgeschätzt und werden seine Grenzen als solche anerkannt? Die Antwort auf diese Frage ist ein deutliches Nein.

Diese emotionale Achterbahn zieht sich über Jahre hin. Genau deswegen fällt es Opfern von Manipulation so schwer, wieder an Selbstvertrauen zu gewinnen. Die Kontrolle, die ein Manipulator ausübt, hallt nach und lässt oft einen Scherbenhaufen zurück. Wer will schließlich nicht geliebt und respektiert werden? Nach langersehntem Ende einer solchen toxischen Beziehung bleibt das Opfer mit Schuldgefühlen und Fragen zurück, mit denen es sich intensiv auseinandersetzen muss. Aber nicht nur in der Partnerschaft kommt es zu Manipulation. Sie ist „nur" das häufigste Beispiel.

Sagt Ihnen der Name „Beltracchi" etwas? Der Kunstfälscher Wolfgang Beltracchi erschlich sich mit angeblichen Werken von Künstlern wie Pechstein und Ernst schätzungsweise 50 Mio. Euro. Ein ganz schöner Batzen also und eine ordentliche Leistung, wenn man so will. Zumindest, wenn man sich als Außenstehender nicht in der Kunstwelt bewegt. Vor allem, da diese Werke zwar im Stil der Künstler gemalt wurden, besagte Künstler haben diese aber selten selbst und als ein Original gemalt. Beltracchi kopierte nicht bereits existierende Gemälde, sondern malte eigene in dem Stil des jeweiligen Künstlers und verkaufte diese dann als verschollene und jetzt wiedergefundene Originale. Doch hinter dieser Summe verstecken sich Museen, die bis heute nicht wissen – und es auch nicht zugeben würden –, ob sie gerade eine Fälschung ausstellen oder nicht. Dahinter stehen Gutachter und Experten, die ihren Ruf riskiert oder diesen Job möglicherweise ganz an den Nagel gehängt haben, weil sie eine Fälschung als Original deklariert haben und jetzt Ihren eigenen Augen nicht mehr trauen können. Es geht in diesem Beispiel nicht um Beltracchis Leistung als Fälscher, sondern um die Unsicherheit, die seine Tat in der Kunstwelt gesät hat. Die Tatsache, dass seine Fälschungen an einem falschen Weißton aufgeflogen sind, versetzt dem nur einen weiteren Stich. Der falsche Glaube, dass diese Museen und Gutachter ein verschollenes Kunstwerk in die Hände bekommen haben, muss ihnen vorgekommen sein wie ein Lottogewinn. Um also auf der zuvor geäußerten Aussage aufzubauen: Ein verschollenes und wiederentdecktes Gemälde bedeutet Prestige für ein Museum. Es bedeutet eine Ausstellung, die Besucher generiert, und es bedeutet einen Aufschrei in der Welt der Kunst, eine Sensation. Da die Kunst nun einmal zur Kultur gehört und eben auf Besuchereinnahmen aufbaut, kann das einer der Gründe gewesen sein, warum die gefälschten Werke so lange nicht aufgefallen sind. Ein anderer Grund ist die Provenienz, die Beltracchi den Gemälden bescheinigte. Normalerweise kann man mithilfe der Provenienz nachverfolgen, durch wie viele Hände ein Kunststück bereits gegangen ist. Käufer und Besitzer, Sammlungen, von denen es bereits ein Teil war, und so weiter. Das hilft den Museen, den Ursprung eines Werks nachzuvollziehen. Provenienz verstärkt die Annahme, es handle sich um ein Original, und auch diese fälschte Beltracchi gekonnt. Er wurde 2011 wegen seiner Taten zu sechs Jahren Haft verurteilt. Klingt nach einem milden Urteil, wenn man bedenkt, wie seine Fälschungen der Kunstwelt langfristig geschadet haben.

Manipulation kommt also überall, in jeder Gesellschaftsschicht und in verschiedenen Formen vor. Aber statt diese Form der Manipulation zu verurteilen, häufen sich Dokumentationen über Fälscher auf verschiedenen Streamingdiensten, wodurch den Betrügern eine Plattform geboten wird und sie dadurch teilweise noch glorifiziert werden. Die Opfer, die von diesem Betrug schwer getroffen wurden, stehen dann im wahrsten Sinne des Wortes dumm da, was wiederum für schwere Selbstzweifel und tiefe Scham sorgt.

So vieles in Sachen Manipulation hängt von der Perspektive ab, aus der erzählt wird. Um den Unterschied noch deutlicher zu machen, denken Sie an Natur-Dokus: Geht es um Löwen, liegt ihr Fokus auf den Löwen. Wie sie jagen, wie sie fressen, wie sie im Rudel zusammenleben. Da sind Sie nicht weiter überrascht, wenn ein Löwe gemächlich ein Zebra verspeist. Es ist ein Löwe, natürlich würde er ein Zebra fressen. Geht es in der Natur-Doku um Zebras, werden Sie instinktiv nervös, sobald eine Löwin im Bild auftaucht. Will sie das Zebra fressen? Wird das Zebra es schaffen, der Löwin zu entkommen?

Basierend auf der Information, die Sie aus bestimmten Quellen aufnehmen, bilden Sie sich also eine subjektive Meinung. Es gibt auch hier zwar kein klares Richtig und Falsch, aber durchaus einen Unterschied zwischen einseitig und fundiert. Um sich eine fundierte Meinung von etwas zu bilden, müssen Sie also mehrere Quellen in Betracht ziehen. Vor allem aber müssen Sie erreichbar für Veränderung sein. Sie müssen also einen Punkt erreichen, an dem Sie dem Instinkt, den Sie für eine Zeit lang in den Hintergrund haben drängen müssen, wieder den nötigen Raum geben. Vor allem bei toxischen Beziehungen – und das bezieht auch solche mit ein, die Sie als Freundschaften definieren würden – gibt es in Ihrem Umfeld den ein oder anderen Moment, an dem Sie sich fragen, warum Sie überhaupt noch Kontakt zu einer bestimmten Person haben. Wenn Ihre Familienmitglieder oder Ihre anderweitig engen Vertrauten Sie fragen, warum Sie sich so behandeln lassen oder warum Sie nicht auf Ihr Bauchgefühl hören, wenn dieser eine Freund oder diese eine Freundin nach einer gefühlten Ewigkeit mit einer Textnachricht um die Ecke kommt und Sie auf einen Kaffee treffen will. Sie wollen nicht hin, weil Sie ein mulmiges Gefühl plagt, sagen aber dennoch zu, weil Ihr Pflichtgefühl sich den Hals wund schreit. Und am Ende kommen Sie sich bescheuert vor, wenn dieser Freund oder diese Freundin (denn auch Frauen können manipulieren) Sie dann ganz beiläufig um einen Gefallen bittet. Während Sie sich also einerseits dumm vorkommen, weil Sie schon wieder auf diese Masche „reingefallen" sind, sind Sie andererseits wütend auf sich selbst. Diese Wut und alle dazugehörigen Emotionen sollten Sie kanalisieren, um sich mit Ihrer eigenen Gefühlswelt auseinanderzusetzen: Was ist es, das Ihnen fehlt, und was genau erhoffen Sie sich von der Beziehung, von der Sie immer wieder feststellen, dass Sie Ihnen eigentlich gar nicht guttut?

Warum fällt es Ihnen schwer, diese kräftezehrenden Verbindungen zu kappen? Diese Auseinandersetzung dauert und kostet viel

Kraft, in erster Linie emotionale. Auch das macht müde, auch das ist anstrengend. Da müssen Sie nicht zwingend einen Marathon laufen, um so müde zu werden. Genau an diesem Punkt bleibt es immer öfter hängen, denn wenn es eines Tages tatsächlich so weit kommen sollte und Sie ein emotionales Trauma von einer solchen manipulativen Beziehung davontragen, so dauert die Auseinandersetzung damit länger und der Heilungsprozess erfordert Geduld und Nachsicht. Egal, wer man ist und woher man kommt: Ob man zuvor ein relativ sorgenfreies Leben geführt hat oder eben nicht – jeder kann manipuliert werden. Es kommt nur darauf an, wofür man besonders empfänglich ist.

Kapitel II

Strategien der Manipulation im Alltag

Im Verlauf dieses Buches haben Sie bisher – wenn auch erst einmal oberflächlich – verschiedene Formen der Manipulation kennenlernen können. In diesem Kapitel wird nun ausführlicher auf diese verschiedenen Formen eingegangen.

Zum einen wäre da die Angst. Sie ist eine der ersten Strategien, um sich durch Manipulation einen Vorteil zu verschaffen. Sei es unter Androhung von physischer Gewalt oder allgemein ominösen Konsequenzen für eine Person oder denjenigen, der dieser nahesteht. Dieses Szenario findet sich oft in Fernsehkrimis, ist für genügend Menschen jedoch oft traurige Realität und beginnt für einige schlimmstenfalls schon im Schulalter, etwa durch Mobbing.

Zum anderen gäbe es da die Manipulation durch selektive Information. Der erste Gedanke gilt da möglicherweise den Diktaturen in der Politik, die durch bestimmte, ausgewählte Informationen die breite Öffentlichkeit kontrollieren. In der deutsch-deutschen Geschichte ist da die DDR der Vorreiter. Doch die Manipulation durch selektive Information ist keine Sache der Vergangenheit, wie Sie in diesem Kapitel erfahren werden. Schließlich ist diese nicht die einzige Form der selektiven Information.

Die dritte und letzte Form, die in diesem Kapitel vorgestellt werden soll, ist die des Prinzips der Gegenseitigkeit. Dieses Prinzip bezeichnet das schlechte Gewissen, das Sie verspüren, wenn Sie auf der Straße beispielsweise von gemeinnützigen Organisationen angesprochen werden. Oder aber das Gefühl des Zugzwangs, wenn Sie in einem Fitnessstudio ein Probetraining gemacht haben. Dann müssen Sie ein Abo abschließen, sonst wäre das ja unhöflich!

Im Folgenden finden Sie diese Manipulationstechniken noch einmal im Detail, sodass Sie einen besseren Überblick bekommen.

Angst

Das Gefühl der Angst ist evolutionär bedingt. Es schärft die Wahrnehmung für die Umgebung, um das eigene Überleben sicherzustellen. Heute ist der Mensch nicht mehr von wilden Tieren oder benachbarten Stämmen bedroht, weshalb es immer häufiger notwendig ist, dieses Gefühl nicht in blanke und lähmende Panik umschlagen zu lassen. Durch akuten und dauerhaften Stress kann es sogar zu einer Angst- oder Panikstörung kommen, die dann Ihre Wahrnehmung entsprechend einfärbt.

Vor allem, wenn das eigene Gehirn jeden Tag mit einer Unmenge von Reizen überflutet wird, fällt es immer schwerer, einen klaren Kopf zu behalten. Genau dann erscheint der angebliche Retter in der Not, der Ihnen dann anbietet, diese Ängste zu nehmen und diese Dinge für Sie zu erledigen. Sie fühlen sich selbstverständlich erleichtert darüber, dass Sie diese Aufgabe auslagern konnten und sich somit nicht mehr mit diesem Stressfaktor befassen müssen. Sie sind dankbar, dass sich jemand anderes dieser Aufgabe gewachsen fühlt und diese für Sie übernehmen will, damit Sie sich anderen und gleichfalls wichtigen Aufgaben widmen können.

Hirnforscher und Neurobiologe Gerald Hüther verrät, dass genau diese fehlende konstruktive Auseinandersetzung mit der eigenen Angst den angeblichen Rettern in der Not den nötigen Freiraum gibt, um Kontrolle auszuüben. Es geht hierbei nicht nur um Kontrolle über die ahnungslose Person, sondern auch darum, dass der „Retter“ sich nach und nach das Vertrauen der Person erschleicht. Bis er die nächste Phase einleitet, indem er seine Person oder sein „Versuchsobjekt“ von Familie und Freunden isoliert. Zum Beispiel, indem er Lügen verbreitet, die im Grunde auf „Du hast doch mich!“ und „Die wollen dir nichts Gutes!“ oder „Ich habe das Gefühl, er mag mich nicht so. Vielleicht sollte er nicht kommen“ hinausläuft. Nach und nach schafft es der angebliche Ritter in strahlender Rüstung, dass Sie als Person in eine Abhängigkeit rutschen. Gedanken wie „Er meint es nur gut“ und „Ich übertreibe bestimmt nur“ sollen Ihren Instinkt, dass etwas nicht ganz richtig läuft, in den Hintergrund drängen. So gelingt es dem „Retter“, Sie davon zu überzeugen, sich im Leben allein durchschlagen zu müssen. „Traue niemandem!“ und „Du und ich gegen den Rest der Welt!“ sind bekannte Sprüche aus romantisierten Gangster-Streifen, die aber darauf abzielen, dass Sie genau das tun: sich nur an Ihren Retter wenden und hoffen, dass am Ende alles wieder gut wird.

Wollen Sie jedoch Grenzen setzen, da Sie merken, dass Ihnen etwas Bestimmtes nicht guttut, ist die Reaktion darauf häufig überaus emotional. Sie stoßen auf Missverständnis, denn immerhin will Ihnen dieser Mensch nur helfen und Sie machen so ein unnötiges Drama daraus. Mit dieser Schuldzuweisung wäscht sich der Manipulator von jeglicher Verantwortung rein und lässt Sie mit Ihren Gefühlen allein. Sie werden von einer Gefühlswelt ausgeschlossen, zu der Sie zuvor Zugang gehabt zu haben glaubten, und machen sich nun Gedanken darüber, ob Sie vielleicht etwas

Falsches gesagt oder den Manipulator auf irgendeine andere Art und Weise gekränkt haben. Da Sie jedoch kein Ventil haben oder ein sicheres Umfeld, wo Sie diesen Gedanken und Gefühlen ohne Missbilligung Luft machen können (vielleicht hat es der Manipulator zu diesem Zeitpunkt bereits geschafft, Sie ihrer Familie und Freunden durch grenzüberschreitende Kontrolle zu entfremden, und Sie haben nur noch „gemeinsame Freunde", durch die der Manipulator Sie in seiner Abwesenheit zusätzlich kontrollieren kann), wissen Sie nicht, wohin mit sich. Diese Unsicherheit bildet einen perfekten Nährboden, um zu Angst heranzuwachsen. Die Angst vor dem Verlust von Autonomie und Kontrolle über Dinge, die Ihnen wichtig sind. Sie glauben, sich ein vertrautes Umfeld geschaffen zu haben, in dem die Aufteilung klar ist. Der jeweils andere kennt seine Aufgaben und aus dieser Dynamik herauszubrechen, öffnet das Tor zu einer Welt, die Sie nicht kennen: Konsequenzen, die Ihnen nicht bekannt sind, machen Ihnen Angst. Sie haben nicht die Kraft, noch einmal von vorn anzufangen, und das auch noch auf eigene Faust. Unter solchen Umständen ist es klar, dass ein Gehirn mit Angststörung versucht, andere Wege zu finden. Sozusagen eine Lösung mit dem geringsten Widerstand. Oder eben die, die Ihnen am wenigsten Stress bereitet. Ein Gehirn, das auf Überleben getrimmt ist, weiß eben nur einen Weg, um Sie als Besitzer dieses Gehirns vor Gefahren zu schützen und Ihren Überlebenswillen anzukurbeln: Angst, und somit auch Flucht vor dem Unbekannten.

Wenn nicht einmal Sie selbst die Person sind, sondern jemand, der Ihnen nahesteht, so wiegt die Schuld noch schwerer. Dabei muss es nicht unbedingt ein Mensch sein, sondern kann auch die Form eines Haustieres haben, das Ihnen lieb und teuer ist. Sie fühlen sich hilflos, wenn beispielsweise Ihr Hund oder Ihre Katze eines Tages plötzlich in einem Tierheim landet, nur weil jemand, dessen Gefühle der Manipulator über ihre eigenen stellt– vielleicht auch einfach nur sein Machtgefühl – angeblich nicht mit dem Tier klarkommt. Ihnen wird so ihr treuer Gefährte genommen, der manchmal sogar den einzigen Lichtblick im Leben eines Menschen darstellt. Dass Sie das verletzt und Sie diese Entscheidung nicht nachvollziehen können, ist für den Manipulator auf den ersten Blick nicht ersichtlich. Er wird Ausflüchte suchen und finden, die in einer Schuldzuweisung zwischen den Zeilen mündet. Vielleicht, dass Sie doch ohnehin den ganzen Tag arbeiten und das Tier nur allein zu Hause ist. Oder aber, dass das Tier schon alt war und Sie sich doch gemeinsam ein neues zulegen könnten. „Ist doch nur ein [ihr Haustier]. Wenn ich gewusst hätte, dass dir das so wichtig ist …“ Manchmal kommt es sogar vor, dass das Tier nicht im Tierheim gelandet, sondern in Wahrheit spurlos verschwunden ist. Alles drastische Maßnahmen, von denen man sich nicht vorstellen kann, dass ein Mensch sie jemals ergreifen würde. Aber da man niemandem in den Kopf schauen und auf Anhieb erkennen kann, ob ein Mensch jemandem guttut oder nicht, findet man sich häufig erst später in einer solchen Situation wieder. Dieses Muster ist eines der bekanntesten, da es am häufigsten vorkommt, genauso wie die Gefühlslage, in der Sie sich dann befinden. Dass Sie dann keine Schuld trifft, ist schwer zu akzeptieren. Die Folgen eines solchen emotionalen Missbrauchs sind langfristig und beeinflussen Ihre Fähigkeit, eine neue und auf Vertrauen basierte Beziehung einzugehen. Erst wenn sich dieser Nebel in Ihrem Kopf lichten kann, sind Sie häufig dazu in der Lage, das Erlebte mit etwas mehr Distanz zu betrachten und anschließend zu verarbeiten.

Die Angst ist eine Manipulationstechnik, die sich sowohl durch Drohungen und Ultimaten schleichend aufbauen als auch aktiv und unverhohlen eingesetzt werden kann. Ihre verschiedenen Gesichter machen es nicht gerade einfach, sie als eine solche Technik zu identifizieren, denn hier kommt wieder die Scham ins Spiel: Wer will schon gern manipuliert werden oder zugeben, ein Opfer solcher Manipulation gewesen zu sein? Was hat Sie dazu gebracht, nachzugeben und sich das gefallen zu lassen?

Aber Sie haben sich das nicht gefallen lassen. Sie hatten Angst und dieses Gefühl war berechtigt. Aus welchen Gründen auch immer (die müssen Sie niemandem näher beschreiben, wenn Sie das nicht wollen): Sie hatten Angst.

Selektive Information

Hierfür muss man in erster Linie die Frage beantworten, ob das menschliche Gehirn zu eigenen Gedanken fähig ist. Kausale Entscheidungen, die man als autonome Person und basierend auf eigenen Informationen treffen kann. Das menschliche Gehirn ist komplex und arbeitet unaufhörlich. Es sorgt dafür, dass wir bestimmte Prozesse in unserem Körper nicht bewusst wahrnehmen, wie zum Beispiel unseren Herzschlag oder unsere Atmung. Prof. Dr. Beate Herbert von der Hochschule Fresenius in München meint, dass diese sogenannten interozeptiven Signale nur in Notfällen bewusst wahrgenommen werden. Das bedeutet, unter anderem dann, wenn Ihnen das Atmen schwerfällt oder Sie körperliche Schmerzen haben. Anders als gedacht, sind das neutrale Signale, die Sie auf dem aktuellen Stand der Dinge halten sollen. Diese interozeptive Wahrnehmung ist bei jedem Menschen individuell. Jeder nimmt diese körperlichen Signale also unterschiedlich wahr und geht anders auf diese ein. Wenn man also empfänglich für diese Signale ist und diese auch anerkennt, so kann es sein, dass diese Interozeption bewusster stattfindet als bei anderen. In Ihrer Forschung hat Herbert bis jetzt nur Frauen untersucht und so herausgefunden, dass Menschen mit Adipositas die interozeptiven Signale ihres Körpers schlechter wahrnehmen können.

Wenn das Gehirn also schon sortiert, welche Signale in das menschliche Bewusstsein vordringen, kann es dann auch sein, dass der Mensch nur in der Illusion lebt, eigene Entscheidungen zu treffen?

Wolf Singer vom Max-Planck-Institut für Hirnforschung kann dem nicht ganz zustimmen. Das Gehirn unterliege einer nicht linearen Dynamik. Das bedeutet: Das Verhalten von Lebewesen kann durch langjährige und intensive Forschung bereits im Voraus definiert und sozusagen vorhergesagt werden. Das menschliche Gehirn aber besitzt die Fähigkeit dazu, den Menschen Schritt für Schritt zu leiten. Mit dieser deterministischen Fähigkeit ist aber noch nicht alles gesagt und getan. Die Entscheidungen des individuellen Gehirns können nicht berechnet werden. Niemand kann durch Berechnungen oder Informationen vorhersagen, welche Entscheidung ein Gehirn treffen wird. Wenn eine Entscheidung – wie eine Straftat – aufgrund von äußeren und inneren Faktoren dennoch getroffen und durchgeführt wird, so wird der Mensch als Täter die Konsequenzen seiner Tat tragen müssen, so Wolf weiter. Er wäre „der Gesamtheit der neuronalen Erregungsmuster, die in seinem Gehirn zum Tragen kamen“ zwar ausgeliefert, bleibt aufgrund der Ausführung seiner Tat dennoch dafür verantwortlich.

Mit diesem Wissen lässt sich die Frage, ob der Wille wirklich frei ist, nicht eindeutig beantworten. Auf der einen Seite ist es aufgrund des soeben geschilderten Sachverhaltes ein direktes Nein, denn schließlich wird der Mensch von den neuronalen Vorgängen in seinem Gehirn gesteuert. Ohne das Gehirn kann der Körper sein Potenzial praktisch nicht voll ausschöpfen. Auf der anderen Seite kann man den Menschen nicht zu einer Handlung bringen, die er selbst nicht durchgehen lässt. Es gibt also einen unbekannten Faktor, der einen immer wieder überraschen kann. Ein „Jein" ist aber auch keine Antwort.

In diesem Fall erscheint das Mittel der Werbung als ein interessantes Werkzeug, um das zu beleuchten. Auch Werbung ist selektive Information. Sie spricht stets eine bestimmte Zielgruppe an, verspricht in Zeiten der wachsenden Mittelklasse die Möglichkeit, Träume mit Ratenzahlungen verschiedenster Form wahr werden zu lassen. Die Welt, die in der Werbung suggeriert wird, ist sorgenfrei und bietet den höchstmöglichen, qualitativen Standard zum erschwinglichen Preis für eine vielversprechende Zukunft. Denken Sie an Vergleichsportale, die Aufenthalte in erstklassigen Hotels zum günstigen Preis versprechen, oder Neuwagen, die Sie für einen kleinen Betrag monatlich leasen können. Selbst das Essen, das Sie in der Werbung sehen, sieht leckerer aus als das ernüchternde Original in der Realität. Es gibt den Berufsstand des Food-Stylisten, der mithilfe von Zahnstochern dafür sorgt, dass das Burgerpatty auf einmal luftiger und weicher aussieht. Die Gürkchen auf dem Burger, sowie alles andere, das dem Kunden positiv auffallen soll, werden weiter vorn auf dem Werbe-Burger platziert und von einem Fotografen abgelichtet. Anschließend wird das Bild noch professionell retuschiert und die Farben angepasst.

Wie kann es also sein, dass man sich dieses Umstandes zwar bewusst ist, das beworbene Produkt aber trotzdem kauft? Auch hier kommt die deterministische Fähigkeit des Gehirns ins Spiel: Haben Sie keinen Hund, brauchen Sie kein Hundefutter. Haben

Sie in nächster Zukunft nicht vor zu streichen, müssen Sie auch nicht zum Baumarkt und Farbe kaufen. Wenn Sie aber das Gefühl haben, dass Ihnen etwas fehlt, so sind Sie für die passende Werbung erreichbar. Psychologe Hans-Georg Häusel meint dazu: „Das funktioniert in der Regel, indem man diesem Produkt einen Wert gibt, der dem Konsumenten das Gefühl gibt: Das ist wertvoll. Und was erzeugt einen Wert? Das ist relativ einfach: Es sind Emotionen, die der Welt Sinn, Wert und Bedeutung geben."

Was Werbung mit Emotionen zu tun hat? Alles.

Menschen sind emotionale Wesen. Sie reagieren also entsprechend verstärkt auf etwas, wenn sie sich darin wiederfinden. Wenn Sie in der Werbung einen frischen Burger sehen, im Hintergrund hören, wie Fleisch brutzelt und zu diesem Zeitpunkt auch noch Hunger verspüren, dann sind die 60.000 € für eine Werbung auf Anhieb gut investiert, denn diese hat ihr Ziel dann erreicht, wenn Sie einen Burger in der Hand halten. Dass dieser weniger saftig aussieht, ist da zweitrangig. Der Burger ist in diesem Zusammenhang ein Produkt, das einen Wunsch befriedigt, den Sie haben. Genauso ist das mit Neuwagen, die auf einer idyllischen Landstraße ihre Kurven fahren, während die Sonne am Himmel untergeht. In diesem Moment fahren Sie das Auto nicht selbst, aber Sie können sich gut vorstellen, wie es wohl wäre, dieses Auto in genau dieser Szenerie zu fahren. Vorausgesetzt, Sie haben einen Führerschein und wissen, wie man Auto fährt. Als überzeugter Fußgänger und ohne das Ziel des Führerscheins vor Augen kann Ihnen ein Neuwagen herzlich egal sein.

Es gibt Dinge, von denen können Sie nicht wissen, ob diese Ihnen gefallen werden. Es sei denn, Sie haben sie schon gekauft. Wie zum Beispiel Parfum. Sie wissen nicht, wie dieses Parfum riecht oder wie lange sich der Duft auf der Haut hält oder ob Sie überhaupt der Typ dafür sind. Aber der Flakon, in dem das Parfum präsentiert wird – sollte Ihnen der Duft tatsächlich nicht gefallen – ist auch ganz hübsch. Der Duft wird inszeniert, sodass Sie das Gefühl bekommen, auf Sizilien zu sein und von allen bewundert zu werden. Als dann ein gut aussehender junger Mann sich auf den ersten Blick in Sie verliebt und für einen Moment von den Zitronen ablässt, die er pflückt, nur um Ihnen eine zarte, weiße Blüte und einen Kuss auf die Wange zukommen zu lassen, noch ehe Sie vom Marktplatz verschwinden. Wie die Erscheinung, die Sie sind. Das ist zumindest der Inhalt des Werbespots von 2014 für den Damenduft *Dolce* von Dolce&Gabbana. Begehrenswert, geliebt und unwiderstehlich schön, so soll sich die Trägerin des Duftes fühlen. Mit dem Kauf des Parfums fliegen Sie aber nicht gleich nach Sizilien und helfen in einem weißen Spitzenkleid bei der Zitronenernte mit. Sonst würde das Parfum deutlich teurer werden. Aber vielleicht sorgt der Kauf des Duftes dafür, dass Sie sich so fühlen wie die Hauptrolle in einer Romanze auf Sizilien.

Selbst bei Büchern macht die Werbung nicht halt: Selbst, wenn Bücher seltener im Fernsehen beworben werden, so können Sie den Inhalt eines Buches aufgrund der Zusammenfassung auf der Rückseite nur erahnen. Es sei denn, Sie finden heutzutage eher Rezensionen von anderen bekannten Autoren aus demselben Genre, die Ihnen das Buch wärmstens empfehlen. Die Handlung des Buches wird daraus zwar nicht ersichtlich, aber das ist in diesem Fall nicht nur egal; es soll Sie dazu anspornen, den Kauf zu tätigen. Am besten werden Sie dazu von Ihrem Lieblingsautor und -vertreter des entsprechenden Genres animiert. Dass dieser Autor Ihr Liebling ist und dass Sie zu ihm bereits eine Art Vertrauen aufgebaut haben, weil Sie seine Bücher kennen und lieben, ist in diesem

Szenario ausschlaggebend. Sprechen Sie das Cover und das Gefühl der Seiten zwischen Ihren Fingern sowie der Duft des Papiers zusätzlich an, so ist es wahrscheinlicher, dass Sie das Buch kaufen. Selbst die Covergestaltung ist von Land zu Land unterschiedlich und soll das jeweilige Publikum ansprechen. Sehen Sie sich dafür einfach das Cover Ihres Lieblingsbuches an und vergleichen Sie dieses mit der Ausgabe in der Originalsprache.

Selbstverständlich gibt es noch andere Formen der selektiven Information. Wie bereits anfangs erwähnt, kommt diese in Form von Ablenkung zum Einsatz. Die Ablenkung soll dafür sorgen, dass die Aufmerksamkeit von einem eigentlich sehr wichtigen und einschneidenden Ereignis auf ein anderes und leichter zu verkraftendes Ereignis übergeht. Selbst die Art und Weise, wie diese Ablenkung stattfindet, geht von einem einzigen kurzen Nachrichtenbeitrag bis hin zu einer manipulierten Fotografie oder vielleicht sogar einem riesigen Werbeplakat, auf dem die eigentliche Botschaft erst bei näherem Hinsehen auffällt. Um jetzt nicht allzu politisch zu werden, soll hier ein italienisches Bestattungsunternehmen als Beispiel dienen. Der Bestatter Alessandro Taffo macht für sein Gewerbe humorvoll Werbung. Auf seinen Plakaten steht unter anderem: „Wenn Sie getrunken haben, dann lassen Sie jemand anderes fahren. Sonst fahren wir Sie." Bei einem Thema wie dem Tod kommt dieser Spruch vielleicht nicht gut an. Der Tod wird tabuisiert, denn darum kann man sich ja kümmern, wenn man schon das Rentenalter erreicht hat. Ist eine Werbung mit einem solchen Slogan dann angebracht oder nicht? Darf ein Bestattungsunternehmen überhaupt solch schwarz-humorvolle Werbung machen? Immerhin trifft es eines Tages und früher oder später jeden: der letzte Tag. Trotzdem empören sich genug Menschen darüber, dass es ein wenig makaber und geschmacklos sei, die Werbung eines solchen Unternehmens mit „Kommen Sie doch näher“ an der Wand eines Bahngleises anzubringen. Diese Werbung wurde nach dem Tod einer Studentin entsprechend entfernt, also ist der Branche der makabre Aspekt durchaus bewusst. Um aber auf eine Branche aufmerksam zu machen, die jährlich Unternehmen verliert, weil entweder keine Angehörigen in der Nähe sind, um die Gräber zu pflegen, oder weil prunkvolle Gräber aus der Mode sind, kann eine Werbung wie eben die des italienischen Bestatters durchaus helfen. Das Firmensterben auf Plakate zu schreiben, hilft im Vergleich dazu weniger. Vor allem, weil das Thema Tod nicht gern besprochen wird, während das Leben noch im Gange ist. „Gott bewahre!“ und „Das hat noch Zeit!“, denken Sie jetzt wahrscheinlich. Genau das ist die gängige Reaktion, die dafür sorgt, dass Bestatter einen gruseligen Ruf genießen. Andererseits kann man das auch als einen Berufsstand sehen wie jeden anderen. Der Tod ist Teil des Lebens und es wird immer jemand gebraucht werden, der respektvoll mit ihm umgehen und dafür sorgen kann, dass alles glatt läuft, wenn es Zeit ist. Der sterile und distanzierte Umgang mit dem Thema Tod hat sich erst mit der Zeit so entwickelt. Die Bestatterin Caitlin Doughty aus den USA klärt mit ihrem YouTube-Kanal *Ask a Mortician („*Frag einen Bestatter“*)* unter anderem darüber auf und setzt sich mit ihrer „Order of the Good Death“ („Orden des guten Todes“) auch für umweltschonende Bestattungsformen ein. Die Bestattungsbranche ist auf diese Art Werbung angewiesen, gerade weil man sich bei diesem Thema sonst wie ins kalte Wasser geworfen fühlt. Selektive Information zeigt aber auch die Dualität der Manipulation als weder gänzlich gut noch gänzlich böse. Es kommt auf die Absichten an, die die treibende Kraft mitzuteilen wählt oder eventuell zu verschleiern versucht.

Das Prinzip der Gegenseitigkeit

Nun, dieses Prinzip baut mit Sicherheit darauf auf, dass Sie ein schlechtes Gewissen haben.

Schon mal ein Probetraining im Fitnessstudio gemacht?

Eine Unterschrift geleistet, in dem Wissen, dass Sie sonst für gefühlskalt gehalten werden? Sei es bei einer Petition oder einer gemeinnützigen Organisation oder Ähnlichem? Selbstverständlich arbeiten nicht alle diese Organisationen so, nur kommt es oft genug vor. Besonders wenn man auf der Straße und im Vorbeigehen angesprochen wird und darauf hingewiesen, wie schlecht es anderen Menschen im Vergleich zu einem selbst geht. Verweigert man da die Kooperation, kommen Fragen wie „Warum denn nicht?" oder „Es geht doch nur um Ihre Unterschrift. Wollen Sie nicht helfen?" In Zeiten des verschärften Datenschutzes ist es für einige aber schon lange nicht mehr „nur" die Unterschrift, oder?

Aber woher kommt dieser Wunsch nach Ausgleich?

Wenn man in der Weltgeschichte bis in die Steinzeit zurückgeht, so lernt man, dass Menschen in Stämmen zusammenlebten und jedes Mitglied mit bestimmten Fähigkeiten dafür sorgte, dass der Stamm bestmöglich überlebte. Es ging nicht mehr nur um das Überleben des Einzelnen, sondern um die gemeinsame Sicherheit. Wer nur auf den eigenen Vorteil bedacht war, der wurde nicht in die Vorgänge des Stammes involviert oder sogar ganz ausgeschlossen.

Um also das Gleichgewicht wiederherzustellen, entsteht der Wunsch, einen getanen Gefallen mit einem Gefallen seinerseits wieder auszugleichen: „Dieser Mensch hat mir geholfen und mir so etwas Gutes getan, ich möchte mich revanchieren“ ist da die Devise.

Etwas zu tun, ohne im Gegenzug dafür einen Gefallen zu erwarten, nennt man Altruismus. Etwas zu tun und dann zu erwarten, dass dieser Gefallen eines Tages wieder eingefordert wird, wird als induzierte Gegenseitigkeit bezeichnet. Diese induzierte Gegenseitigkeit finden Sie häufig in Action- oder Gangsterfilmen. Um den Paten Vito Corleone zu zitieren: „Irgendwann, möglicherweise aber auch nie, werde ich dich bitten, mir eine kleine Gefälligkeit zu erweisen.“ Das ist induzierte Gegenseitigkeit. Ein Gefallen für einen Gefallen.

Wenn Sie schon einmal etwas in die Hand gedrückt bekommen haben und anschließend eine „Spende“ von Ihnen erwartet wurde, dann ist das auch induzierte Gegenseitigkeit. Diese ist manipulativ und baut darauf auf, dass Sie sich verpflichtet fühlen, diesen Gefallen – in diesem Fall durch eine Spende – zu erwidern.

Ihr Bauchgefühl trügt Sie auch beim Thema Manipulation nicht. Wenn Sie sich in irgendeiner Form unwohl fühlen, dann wird das schon seine Gründe haben. Dann müssen Sie wissen, wo Sie dieses Unwohlsein mitteilen können und wer in Ihrem Umfeld Ihnen das Gefühl von Sicherheit gibt, sodass Sie sich bedenkenlos öffnen können.

„Kleine“ Manipulationstechniken

Wenn Sie schon einmal in der Situation waren, einem Kind Apfelschorle anzubieten, damit es ohne Protest seine Schuhe anzieht, und dann erleichtert waren, als das Kind der Bitte Folge geleistet hat, dann seien Sie sicher: Sie sind nicht böse oder manipulativ. Im

Alltag findet man sich das ein oder andere Mal in einer Situation wieder, in der man zu solchen „kleinen Manipulationstechniken“ greift, um schneller an das gewünschte Ziel zu kommen. Dieser Teil des Kapitels ist im Besonderen für Eltern, die die Lieblingssendung oder Lieblingsvideos ihres kleinen Sonnenscheins anmachen, um in Ruhe Ihren Kaffee trinken zu können. Sie sind nicht die einzige und erste Person in dieser Situation. An diesem Tag, in dieser Minute, gibt es Eltern nicht sehr weit von Ihnen entfernt, die diese Entscheidung gerade aus ähnlichen Gründen in Betracht ziehen.

Sie wissen, was Ihrem Kind Freude macht und womit es sich für eine geraume Zeit beschäftigen kann. Es macht Sie nicht zu schlechten Eltern, nur weil Sie für einen kurzen Moment Kraft tanken wollen. Sei es durch Kaffee oder Tee oder vielleicht, indem Sie sich Süßigkeiten erlauben, die bewusst im höchsten Regal im Schrank über der Spüle versteckt sind. Auch Sie als Elternteil benötigen gelegentlich eine Pause, um bestmöglich für Ihr Kind da zu sein. Es hilft Ihnen oder Ihrem Kind nicht, wenn Sie sich selbst ganz hintanstellen. Sie sind auch ein Mensch und verdienen es, einmal tief durchatmen zu können. Eltern zu sein, das muss nicht zu Ihrer ganzen und aufopfernden Persönlichkeit werden. Auch Sie dürfen Hobbys haben und eine kleine Atempause genießen. Sie geben immer noch Ihr Bestes und wollen, dass Ihr Kind behütet aufwächst und sich geliebt fühlt. Das ist das Wichtigste.

Solange Sie Ihrem Kind das geben, haben Sie beste Absichten und können getrost aufatmen. Kleine Manipulationstechniken sind harmlos und völlig in Ordnung. Sie müssen nicht perfekt sein, und selbst wenn: Es wird immer jemanden geben, der selbst an Perfektion etwas auszusetzen hat. Also machen Sie sich keine Gedanken. In Maßen ist alles gut, wie es so schön heißt.

Kapitel III

25 Manipulationstechniken des Alltags

Das Thema dieses Buches soll nicht dazu führen, dass Sie permanent angespannt oder ängstlich sind. Es soll dazu dienen, dass Sie selbstreflektiert an bestimmte Situationen herantreten können. Es soll Sie außerdem darin unterstützen, nicht vorschnell zu urteilen und sich so gleich gegenüber anderen Eindrücken zu verschließen. Rufen Sie sich das im Verlauf dieses Buches immer wieder in Erinnerung. Nicht jeder Mensch will Ihnen immer etwas Böses, nicht jeder Mensch tritt mit der Aufschrift „Manipulator" in Ihr Leben. Es geht darum, gängige Muster zu erkennen, um den Alltag mit mehr Selbstbewusstsein zu meistern.

1. In der (Online-)Werbung

Da zuvor bereits ausreichend auf Fernsehwerbung eingegangen wurde, wird das Augenmerk nun auf Onlinewerbung gelegt. Online deshalb, weil Fernsehen sich heutzutage mehr auf Streamingdienste bezieht und Unterhaltung sich in Form von Videos oder Webserien auf das Internet verlagert hat. Das Smartphone ist immer und überall mit dabei und hat Internetzugriff. Der neu entstandene Berufsstand der Influencer verdient mit Werbevideos sein Geld und wird von seiner Zielgruppe bewundert wie einst

Musiker und Schauspieler. Sie werden zu Galas und Preisverleihungen eingeladen oder moderieren und interviewen die Reichen und Schönen, wenn die Anzahl der Follower und somit die Reichweite stimmt. Der Unterschied hier liegt darin, dass Influencer durch soziale Medien näher bei ihren potenziellen Kunden sind und so gewissermaßen ein Gefühl von Gemeinsamkeit und Erreichbarkeit vermittelt wird. Wenn Sie etwa Ihrem Lieblingsschauspieler auf einem sozialen Netzwerk wie Instagram folgen, erscheint dieser in der Liste unter Ihren Freunden, die Sie von der Arbeit oder dem Studium und so weiter kennen. Mit Werbe-Deals nutzt der Schauspieler dann seine Reichweite, um so das Produkt an den Mann zu bringen. Influencer hingegen sind „ganz normale Menschen" und vermitteln ein authentisches Bild von sich selbst. Sie machen kurze Videos, in denen sie beispielsweise politisch relevante Themen humorvoll verpacken oder sich selbst in einer Situation befinden, die auch jeder Hans-Günther schon einmal durchlebt hat. Denn auch Influencer müssen unter anderem regelmäßig eine Steuererklärung abgeben oder haben Arzttermine. Die Marketing-Branche hat mit Influencer-Marketing ihre Werbung praktisch ausgelagert und kann so eine jüngere und größere Zielgruppe erreichen. Das Produkt wird erreichbarer und sozusagen auch von jemandem beworben, den man selbst kennt und auf die eine oder andere Art und Weise jeden Tag sieht.

Die sozialen Medien sind ein fester Bestandteil der Kommunikation geworden. Mit „gefällt mir", „hat dich markiert" und „hat einen Beitrag geteilt" kann man praktisch mit Familie und Freunden interagieren, ohne sich vom Fleck zu bewegen. Auch die Welle von Podcasts, die sich auf Plattformen wie Spotify finden, sind genauso in sozialen Medien vertreten. Dort können Hörer den Moderatoren Fragen stellen und mit ihnen in Kontakt treten. Die Hemmschwelle, jemandem einen Kommentar oder eine Privatnachricht zu schicken, den man so nicht persönlich kennt, ist niedriger, weil die Illusion, dass man sich doch kennt, besteht.

Je mehr Zeit man in sozialen Medien verbringt, desto genauer werden so auch die eingespielten Werbeanzeigen. Beim beiläufigen Scrollen durch Fotos oder Beiträge kommt gelegentlich mal ein Produkt, das man schon länger im Auge hat, oder ein Shop, dessen Kleidungsstil zu einem passen könnte. Auch ganze Geschäftsmodelle von Selbstständigen sind auf Werbung auf sozialen Medien aufgebaut. Diese Form der Werbung spielt laut Statista mehrere Milliarden Dollar ein. Bis 2024 sollen die Einnahmen durch Social-Media-Werbung auf 1,7 Milliarden Dollar steigen. Das Social-Media-Urgestein Facebook (jetzt META) schaltet am häufigsten Werbung (80 % in Deutschland im Jahr 2019).

Social-Media-Werbung hält sich vergleichsweise zu Fernsehwerbung eher im Hintergrund, aber durch beiläufige und kurze Clips wird sie auch eher peripher auf dem eigenen Feed wahrgenommen. Machen Sie mal ein Experiment und klicken Sie auf eine bestimmte Werbeanzeige, während Sie auf sozialen Medien unterwegs sind. Schauen Sie, wie oft Sie dieses Produkt danach nebenbei angezeigt bekommen. Sie kaufen natürlich nichts, was Sie nicht benötigen, aber diese Werbung ist *da* und ruft sich Ihnen so immer wieder in Erinnerung. Sie wiederholt sich also regelmäßig, versteckt zwischen Beiträgen von Freunden oder Webseiten und Shop-Profilen, denen man folgt. Die beiläufige Scroll-Bewegung mit dem Daumen sorgt auch noch dafür, dass man all das nur wie aus dem Augenwinkel wahrnimmt. Immerhin spricht in dieser Art von Werbung selten jemand, es sei denn, man schaltet den Ton des Videos ein. Ansonsten überfliegt man die kurzen Texte einfach.

Auch wenn Sie selbst weniger auf sozialen Medien unterwegs sein sollten: Sich spurlos im Internet zu bewegen, wird dank Werbe-Cookies und Tracking immer schwerer. Aber vielleicht hilft Ihnen die nächste Werbung dabei, das passende Weihnachtsgeschenk für jemanden auf Anhieb richtig zu raten, wer weiß? Spaß bei Seite. Es gibt mittlerweile Browser und -erweiterungen, die dieses Tracking erschweren und auch keine Kekskrümel hinterlassen. Selbst Suchmaschinen, die Ihre Aktivitäten nicht nachverfolgen, gibt es mittlerweile. Oder welche, die Bäume pflanzen, wenn Sie diese nutzen. Außerdem gibt es die guten, alten AdBlocker, mit denen Sie Internet-Werbung ausblenden können. Das alles ist aber derzeit eher auf Laptops und PCs zugeschnitten. Wer die Werbung in den Apps von sozialen Medien auf seinem Handy blockieren will, der wird lange suchen müssen. Und ob derjenige dann findet, was er sucht, bleibt offen.

2. Auf der Arbeit

Können Sie auf der Arbeit manipuliert werden? Kennen Sie möglicherweise den ein oder anderen Kollegen, auf den die Beschreibung „manipulativ“ zutreffen könnte? Und nein, es muss nicht unbedingt gleich der Chef sein. Auch im Büro ist man nicht vor Manipulation gefeit, man kann aber das Bewusstsein für Manipulation im Arbeitsumfeld schärfen.

Sie verbringen viel Zeit im Büro. Sie verbringen mindestens acht Stunden am Tag mit Kollegen, mit denen Sie sich entweder auf Anhieb gut verstehen oder wohl oder übel gut verstehen müssen. Da ist es natürlich von Vorteil, wenn die Teamfähigkeit nicht so schwerfällt. Trotzdem ist Ihr Team nicht „Ihre Familie“ und Sie sollten die Möglichkeit haben, Berufliches und Privates zu trennen. In Zeiten von Homeoffice fällt das natürlich schwerer als sonst, aber da muss diese Trennung eben krasser sein. Der Arbeitsplatz ist ein Ort, an dem Faktoren wie die Gruppendynamik und Wettbewerbsdenken sich abwechseln. Es ist ein Ort, an dem man positiv oder negativ auffallen kann. Es gibt Menschen, die mit einer positiven Einstellung das Arbeitsklima unterstützen und dann wieder andere, die „Montage hassen" und „keinen Bock auf den Scheiß haben, aber von irgendwas muss man ja leben, richtig?" Sie merken also relativ früh, wie sich diese Umgebung auf Sie und Ihren Gemütszustand auswirkt. Beobachten Sie die Situation von Ihrer Warte aus und achten Sie auf Konstanten: Fühlen Sie sich gut aufgehoben in Ihrem Job und haben den Eindruck, dass Ihr Chef Ihnen im Fall der Fälle den Rücken freihält? Ist er gegebenenfalls auch offen für Kritik und kann auf eine gesunde Art und Weise damit umgehen, indem er Ihnen entgegenkommt? Oder bewegen Sie sich in einem Umfeld, in dem man in diesen Dingen eher allein zurechtkommen muss? Natürlich gilt auch hier, dass man nicht auf Anhieb erraten kann, ob jemand etwas mit Absicht macht. Es geht eher um den Kontrast zwischen dem, was gesagt wird, also „Wir sind eine Familie" oder „Wir verstehen uns doch alle prima" und „Das ist alles ganz locker hier" und dem, was tatsächlich passiert. Wenn Ihnen also ein Kollege auffällt, der nicht zu einem Umfeld beiträgt, in dem alle produktiv und mit möglichst wenig Stress zusammenarbeiten können, sollten Sie das direkt ansprechen. Sagen Sie höflich, aber bestimmt, dass dieses [bestimmte Verhalten A] und [dieser Umgang B] keinem positiven Arbeitsumfeld dient. Sie sollten direkt und mit konkreten Beispielen ansprechen, inwiefern dieses Verhalten des Kollegen Ihre Arbeit beeinträchtigt. Bleiben Sie dabei unbedingt höflich. Sie wollen am Ende nicht die Person sein, die das Falsche gesagt hat. Respekt ist auch dann wichtig, wenn Ihre Botschaft im ersten

Moment nicht anzukommen scheint. So vermitteln Sie auch ein souveränes Bild von sich und zeigen Konflikt- sowie Kritikfähigkeit. Dadurch, dass Sie Ihre Umgebung und das Verhalten darin zuvor eingehend beobachtet haben, beginnen Sie dieses Gespräch also nicht aus purer Lust und Laune heraus und sind so gut auf eine eventuelle Konfrontation vorbereitet.

3. In Politik und Medien

In Politik und Medien ist Manipulation die Königsdisziplin. Es gibt „die Boulevardpresse“ vs. „das seriöse Blatt“. Es gibt Demokratie vs. Diktatur. Allein mit der Frage nach der Meinung der Ihnen gegenüberstehenden Person können Sie mit ein bisschen Glück erkennen, in welchen Kreisen sie sich bewegt und ob diese Person empfänglich für eine offene Diskussion ist oder ob es in ihren Augen nur Richtig und Falsch gibt. In der modernen Medienlandschaft hat das richtige Bild mit der richtigen Überschrift eine große Wirkung. Es ist sowohl ein Instrument für neutrale Berichterstattung als auch für eine Inszenierung ersten Ranges. Die Presse ist nicht zu unterschätzen, was die Meinungsbildung betrifft, denn sie ist es, die einen erheblichen Einfluss darauf hat. Sie sorgt dafür, dass Nachrichten vom anderen Ende der Welt für uns erreichbar werden. Aber sie sorgt auch dafür, dass Geschichten die Runde machen, von denen Sie nicht alles erfahren und von denen nur mit einem Schnappschuss ein bestimmtes Szenario vermittelt wird. In Politik und Medien werden ausgewählte Informationen in ein bestimmtes Licht gerückt. Besonders, wenn es Vorkommnisse gibt, von denen man ablenken will. Wer regelmäßig Nachrichten schaut, der erhält den Eindruck, dass es mit der Welt und seiner Gesellschaft bergab geht: Konflikte, wohin die Kameralinse blickt, Zeitdruck aufgrund der Klimakrise und hier und da ein paar Nachrichten aus der Welt der Reichen und Schönen, damit man all das wieder vergisst. Am besten die Geburt eines Babys oder eine Hochzeit!

Bei dem Thema Berichterstattung spielt die Sprache und besonders die Wortwahl eine wichtige Rolle. Sie kann Angst machen oder beruhigen. In der Berichterstattung heißt es dann „Beziehungs-“ oder „Familiendrama“ statt „Femizid“, oder rechtsradikale Gruppen – also Nazis – werden zu „Skeptikern“. Um Titel besonders reißerisch zu gestalten, gibt es weiße, fette Großbuchstaben mit Ausrufezeichen, die „Klimakatastrophe!“ schreien, statt „Erderwärmung“ zu schreiben. Die Macht der Worte hat vor allem in der deutschen Geschichte einen bleibenden Eindruck hinterlassen; oder können Sie noch das Wort „Rasse“ verwenden, ohne dass sich bei Ihnen im Magen etwas zusammenzieht? Sie können zum Beispiel „Hunderasse“ sagen, das ist in Ordnung. Aber sobald das Wort „Rasse“ alleinsteht, wird es kritisch. Der Kalte Krieg ist nur deswegen kalt, weil die USA und die UdSSR versucht haben, sich mit Waffen und Panzern zurückzuhalten. Der Kalte Krieg heißt nicht deswegen so, weil er nur einen Winter lang war. In der DDR hieß es nicht „Tourguide“, sondern „Stadtbilderklärer.“ „Bodybuilding“ war „Körperkulturistik“ und so weiter. Die Sprache geht mit der Zeit: Wenn Sie jetzt also „Stadtbilderklärer“ sagen, statt „Tourguide“, könnte der eine oder andere ein wenig erstaunt schauen und realisieren, dass Sie in der DDR aufgewachsen sind.

Deshalb wird genau auf die Wortwahl geachtet, wenn es um Politik und Medien geht. Dr. Ute Hoffmann, Linguistin und Dozentin an der Ludwig-Maximilian-Universität in München, nennt in Ihrem Gastbeitrag für EthikHeute.org den Umgang mit der Flüchtlingskrise als ein einprägsames Beispiel. Die Wortwahl in diesem Zusammenhang fiel auf Ausdrücke wie „Flüchtlingswelle“, um der Bevölkerung zu vermitteln, dass sie kurz davor war, von Flüchtlingen – Menschen, die vor Traumata wie Krieg, Hunger, Leid fliehen – wie von einer Welle erfasst zu werden. Im Gegensatz dazu stand das Wort „Asyltourismus“, um diese traumatischen Erlebnisse herunterzuspielen und den Aufenthalt dieser Menschen als möglichst kurzfristig darzustellen. Sie brauchten schließlich nur eine Verschnaufpause und würden bald wieder in ihre Heimat zurückkehren, so wie jeder Tourist eben. Hoffmann meint, dass mit dieser Wortwahl auf die Verknüpfungen gebaut wird, die im Gehirn entstehen. In diesem Sinne ist die Verknüpfung mit dem Wort „Tourismus“ weitgehend positiv, weil Dinge wie Urlaub, Entspannung und Reisen in ferne Länder damit verbunden werden. Je häufiger ein weitgehend positiv konnotiertes Wort also in einem ernsten Kontext verwendet wird, desto leichter fällt es dem Gehirn, die Verknüpfung zu verstärken. Schwach wird diese Verbindung gehalten, wenn bestimmte Wortkombinationen, die weitgehend negativ konnotiert sind, vermieden werden. Da Politiker durch das Volk gewählt werden, besitzen sie ein bestimmtes Vorvertrauen. Sie vertrauen darauf, dass dieser Politiker einen guten Job macht. Dann kann es auch sein, dass Sie deswegen eher dazu geneigt sind, die Wortwahl von „Flüchtlingswelle“ und „Asyltourismus“ nicht gleich zu hinterfragen. Aber sobald Sie darüber nachdenken, wie viele andere und vielleicht weniger emotionale Wege es gibt, Dinge auszudrücken, sieht das wieder anders aus. Denn wie Sie inzwischen wissen, sind Emotionen der Schlüssel zur Wirkung. Abhängig von der Wortwahl einer Person in Machtposition ist, welche Gefühle Sie mit einer bestimmten Thematik verknüpfen. „Flüchtlingskrise“, „Flüchtlingswelle“, „Asyltourismus“ sind alles Begriffe, die ein und dasselbe Thema aufgreifen. Offiziell wird der erste Begriff verwendet, um die Krise von 2015/16 zu beschreiben. Am Beispiel dieses doch scheinbar recht brisanten Themas sehen Sie: Auch hier müssen Sie sich in Recherchen üben. Jetzt gibt es verschiedene Quellen zu dem Thema, mithilfe derer Sie sich informieren können. Grundsätzlich gilt aber: Je aktueller ein Thema, desto mehr Öl wird ins Feuer gegossen. Daher behandeln Sie bei Ihrer Recherche folgende Fragen:

1. Wie aktuell ist das Thema?
2. Wie ist die Quellenlage? (Bücher, Artikel, Beiträge etc.)
3. Welche Ansichten vertritt der jeweilige Autor?
4. Wie berichtet das Fernsehen darüber und wie unterscheiden sich diese Berichte?
5. Präsenz online: Wie wird das Thema von der Bevölkerung aufgenommen? Hier muss eventuell auch das Profil derjenigen Person oder Organisation beleuchtet werden.

Im ersten Moment hört sich das sehr nach einer Anleitung für die Recherche einer Hausarbeit an. Aber es sind nun einmal Dinge, die bedacht werden müssen. Welches Ziel will der Autor, dessen Artikel, Buch oder Kommentar Sie gerade lesen, mit seinem Text erreichen? Will er Angst machen oder über die derzeitige Lage informieren? Äußert er sich neutral oder hat er eine Form von Literatur oder Quellen gewählt, die ihm eine subjektivere Sicht auf die Dinge erlauben?

Außerdem wären da noch Ihr eigener Freundes- und Familienkreis: Wie denken diese über ein aktuelles Thema und wie nehmen Sie diese Meinungen auf? Welche Emotionen fühlen Sie und sind Sie bereit, einem Familienmitglied eventuell zu widersprechen und seine Meinung zu korrigieren? Falls nicht, warum?

Sie sehen: Es gibt viele Faktoren, die bei der Meinungsbildung zusammentreffen. Selbstverständlich kann man seine Meinung aufgrund etwa einer neuen Quellenlage auch ändern. Sie ist nicht in Stein gemeißelt. Wichtig ist und bleibt jedoch, dass man sich gewisser Dinge bewusst sein und eventuell auch dazu bereit sein muss, eigene Zeit in die Meinungsbildung zu investieren und dafür so viele verschiedene Informationsquellen heranzuziehen wie nötig.

4. In Beziehungen

Die britische Wissenschaftlerin und Kriminologin Dr. Jane Monckton-Smith entwickelte basierend auf langjähriger Forschung ein Acht-Phasen-Modell, um eine ungesunde Beziehung zu erkennen und zu verhindern, dass eine Beziehung sich zu „Opfer und Täter" wandelt. Auf dieses Acht-Phasen-Modell soll in diesem Kapitel näher eingegangen werden, damit Sie dieses Muster in Zukunft erkennen und so möglicherweise sich selbst oder jemandem helfen können, der Ihnen nahesteht.

Dr. Monckton-Smith hat für Ihr Modell 372 Fälle aus Großbritannien untersucht, in denen Frauen von ihren Partnern getötet wurden. Dabei hat sie unter anderem herausgefunden, dass Begriffe wie „Affekttaten" und „Verbrechen aus Leidenschaft" vollkommen außer Acht lassen, dass solche sogenannten Femizide von langer Hand geplant werden. Diese entspringen dem Wunsch des Täters, bis zuletzt Kontrolle über seine Partnerin auszuüben. Über Frauen, die in der Beziehung Kontrolle ausüben, sagt Dr. Monckton-Smith im Interview 2019 mit Annette Langer: „Auch Frauen können Kontrollverhalten an den Tag legen, aber es ist sehr viel unwahrscheinlicher, dass sie jemanden umbringen. Es gibt eine Menge Männer, die von ihrer Partnerin kontrolliert werden – aber sie werden nicht getötet."

Monckton-Smith bestätigt in ihrer Untersuchung, dass die Opfer in einer Partnerschaft zu 80 % Frauen sind. Somit greift auch die Statistik der Bundesregierung zu Gewalt in der Partnerschaft, die mit 81 % fast gleichauf ist. Bei diesen Zahlen wäre also eher eine Täter-Typologie angebracht, denn das Opfer zu charakterisieren, nütze nichts, so die Kriminologin. Ihre Forschung hat bestätigt, dass es keinen bestimmten Typ Frau gibt, der anfälliger für Gewalt in der Partnerschaft und somit gefährdet ist. Weist der Mann aber einen Kontrollwahn auf, so ist der Mann mit Kontrollwahn auch das Problem. Der Irrglaube eines solchen Mannes – der dann zum Täter wird –, einen Anspruch auf seine Partnerin und ihre Beziehung zu haben, eint die Täter.

In ihrem TEDxTalk mit dem Titel „Homicide Timeline" (in etwa: „Zeitstrahl zum Mord") spricht Monckton-Smith über immer wieder auftauchende Muster, die in auffälligen Beziehungen erkannt, gedeutet und so vielleicht das Schlimmste verhindert werden kann. Im Vorfeld nennt sie Kontrollmaßnahmen, die Außenstehenden durch plötzliche Veränderungen auffallen könnten, darunter: Hat sich eine Routine dieser Frau drastisch verändert? Zieht sie sich beispielsweise anders an als vorher? Präsentiert sie in sozialen Medien anders oder seltener, bis hin zu gar nicht mehr, und bewegt sich in für sie untypischen Kreisen? Und nicht zuletzt ist die wichtigste Frage die nach ängstlichem, sogar verstörtem Verhalten. Zum Vergleich erklärt sie, dass damit nicht etwa die Verteidigungshaltung gemeint ist, die der Körper bei unmittelbarer Gefahr einnimmt. Es ist die Angst vor etwas, das in der Zukunft passieren könnte, weshalb bestimmtes Verhalten von dieser Person vermieden wird. Der Körper könne die Verteidigungshaltung nicht lange aufrechterhalten, so Monckton-Smith weiter. Die zweite Form der Angst wird jedoch über einen langen Zeitraum hinweg aufgebaut, sodass dieser Angstzustand chronisch wird.

Aus Erfahrung als einstige Polizistin weiß sie außerdem, dass Opfer häuslicher Gewalt so eine Verteidigungshaltung aufbauen, die sie vor ihnen bereits bekannten Konsequenzen schützen soll. Sie vermeiden zum Beispiel Aufsehen, indem sie Verletzungen herunterspielen und so von ihnen abzulenken versuchen. Daher ist auch die Frage nach den Konsequenzen wichtig, die das Opfer in solche Angst und Panik versetzen, dass es Hilfe jeglicher Form verweigert.

Dr. Monckton-Smiths Modell ist daher fokussiert auf Täter-Merkmale, die sie wie folgt gliedert:

1. Vorgeschichte. Der Täter ist durch eine Straftat wie etwa Stalking (§ 238 im StGB, „Nachstellung“) oder häusliche Gewalt bereits aktenkundig. Das weist auf seinen kontrollierenden und streitlustigen Charakter hin.

2. Frühe Verbindlichkeit. Zum Beispiel in eine gemeinsame Wohnung zu ziehen, wenn die Beziehung noch kein Jahr alt ist. Ein „Ich liebe Dich!“ oder Zukunftspläne schon sehr früh in der Partnerschaft, um den Besitzanspruch zu festigen. Das noch junge Paar ist nur gemeinsam unterwegs, andere soziale Kontakte, meist die der Partnerin, stehen hinten an. Will die Frau die Beziehung beenden, weil sie sich eingeengt fühlt, so stößt das auf taube Ohren.

3. Kontrolle. Der Besitzanspruch intensiviert sich durch Formen der Gewalt: Sei es in körperlicher oder verbaler Form. Von Schubsen und Beleidigen bis hin zu sexualisierter Gewalt oder Anrufe, um zu überprüfen, wo sich die Partnerin aufhält. Zu diesem Zeitpunkt hat sie keinen oder nur noch sporadisch Kontakt zu Familie und Freunden. Selbst Kinder und Haustiere sind dieser Form der Kontrolle ausgesetzt, um stellvertretend durch sie die Partnerin zu kontrollieren. Schafft sie es doch, Distanz aufzubauen, droht der Expartner damit, sich umzubringen oder sich selbst anderweitig schwer zu verletzen.

4. Trigger. Der Partner wirft seiner Partnerin Untreue vor. Der Partner verliert seinen Job und /oder gerät in finanzielle Notlage. Der Partner wird krank und durch diese Krankheit in irgendeiner Form eingeschränkt. Die Partnerin beendet die Beziehung. Das sind alles mögliche Situationen, die den Partner triggern und ihn zu – in seinen Augen notwendigen – drastischen Maßnahmen verleiten, um die Kontrolle über seine Partnerin wiederherzustellen. Laut Dr. Monckton-Smith ist das häufig das Stadium, in welchem Frauen die Beziehung beenden.

5. Ausuferung. Da der Täter das Ende der Beziehung nicht akzeptieren will, rudert er entweder zurück, indem er weint und fleht, oder in konstanten Textnachrichten an die gemeinsame Zeit und die schönen Gefühle erinnert. Auch hier ignoriert er den Wunsch der Expartnerin nach Distanz und will sich treffen, um zu reden und die Partnerin so zu erreichen.

6. Sinneswandel. Die 180-Grad-Wendung folgt beim Täter, sobald er glaubt, seinen ursprünglichen Status verloren zu haben. Die Expartnerin hat einen neuen Partner oder einen neuen Job, Aussicht auf eine neue Wohnung, die sich nicht in der Nähe des Täters befindet. Die Expartnerin ist weder erreichbar für Drohungen noch für sonstige Kontrolltaktiken des Täters. Dieser fühlt sich hintergangen und sieht sich von da an darin berechtigt, drastische Maßnahmen zu ergreifen.

7. Planung. Der Täter plant die Tat. Seine Expartnerin zu ermorden, ihrem Leben sowie seinem eigenen in einem erweiterten Suizid ein Ende zu setzen. Dieses Stadium ist das Gegenteil einer Affekttat oder eines sogenannten „Verbrechens aus Leidenschaft", das suggeriert, das Opfer habe den Täter mit seinem Verhalten in irgendeiner Art und Weise provoziert. Genauso spielen Formulierungen wie „Familiendrama" und „Beziehungsdrama" die Hintergründe einer solchen Tat herunter. Die Tatsache, dass ein Femizid nicht als ein getrennter Tatbestand gehandelt wird, erschwert die Nachverfolgung und Ahndung des Verbrechens als solchen zusätzlich.

8. Die Tat. Nachdem die Tat stattgefunden hat, versucht der Täter, sich aus der Verantwortung zu ziehen. Das Opfer habe ihn zu dieser Tat getrieben, es habe keinen anderen Ausweg aus der Situation gegeben. Und das in Fällen, in denen der Täter sich nicht anschließend suizidiert.

Dr. Jane Monckton-Smith hofft, dass ihr Acht-Phasen-Modell Polizisten, Sozialarbeiter und Bewährungshelfer dabei unterstützen kann, besonderes Augenmerk auf diese Muster und vor allem auf Stalking zu legen, da das ein Vorzeichen von drohender Gewalt darstellt.

Um sich gegen Femizide bestmöglich schützen zu können, ist es wichtig, Aufmerksamkeit zu erregen. Die Zahlen sind erschreckend und dennoch ist die Polizei im Umgang mit solchen Fällen nicht geschult, weil „Femizid" als Tatbestand nicht separat steht, sondern unter häusliche Gewalt fällt. Um einen solchen Tatbestand also nachweisen zu können, müssen Sie mit Ihrem Umfeld kommunizieren. Führen Sie etwa eine Art Tagebuch, das Ihren Alltag schildert, und halten Sie die Schilderungen möglichst detailreich und datieren Sie diese. So makaber es auch klingen mag: Sie müssen alles so gut wie möglich nachweisen können, damit die Polizei damit arbeiten kann. So schwer es auch ist: Auch Ihre Familie muss um Ihre Angst Bescheid wissen. Dass man über Themen wie Gewalt in der Partnerschaft nicht offen spricht, weil man Angst hat, dass die Familie sich sorgt, muss der Vergangenheit angehören. Denn Ihre Familie will am Ende – und schlimmstenfalls – nicht Ihr Grab besuchen müssen. Bringen Sie sich selbst nicht aktiv in Gefahr und konfrontieren Sie Ihren gewalttätigen Partner nicht direkt. Alles, was Ihrem eigenen Schutz dient, müssen Sie priorisieren. Selbst, wenn Sie Ihr Tagebuch bei einer Freundin oder bei Ihrer Familie aufbewahren, damit es nicht in der gemeinsamen Wohnung ist. Auch bei einer späteren Therapie helfen solche Aufzeichnungen dabei, die Geschehnisse zu verarbeiten. Die Wartezeiten für stationäre Aufenthalte in Kliniken sind häufig kürzer als die Wartezeiten auf Therapieplätze. Die Therapie-Service-Stelle vermittelt Akutsprechstunden, wenn alle Stricke reißen sollten. Es ist wichtig, dass Sie für ein Leben kämpfen, in dem Sie keine Angst haben müssen und in einer neuen Beziehung glücklich sein können. Da heutzutage Handys nicht mehr wegzudenken sind, haben Sie mit Nachrichten und Chatverläufen einen weiteren Nachweis für das Verhalten Ihres gewalttätigen Partners.

Was außerdem die Aufgabe erleichtert, zwischen Ihnen und Ihrem gewalttätigen Partner eine Distanz aufzubauen, ist eine neue Adresse. Ob es eine neue Wohnung ist oder ob Sie vorübergehend bei einer Freundin einziehen, ist Ihre Entscheidung. Es wird jedoch deutlich, dass unter solchen Umständen nicht geschwiegen werden darf. Wobei die Angst vor Konsequenzen für viele Betroffene dafür sorgt, dass diese Hürde unüberwindbar erscheint. Dieses Thema ist eines, das auch politisch mehr aufgegriffen werden muss: Alles, von Schulungen für die Polizei über eine erleichterte Wohnungssuche bis hin zu gleicher Bezahlung für die gleiche Arbeit, um sich diese Wohnungen leisten zu können. Diese Punkte kann man als „Normalbürger" – so scheint es zumindest – nur oberflächlich ankratzen, wenn die Politik nicht nachzieht.

5. In Sekten

Wenn das Leben nicht durch die Ideologie einer Sekte bereits von Anfang an geprägt wurde, ist es leicht, zu urteilen. Schließlich haben Sie die Chance gehabt, sich Ihr eigenes Bild von der Welt zu machen, ohne von strikten Regeln eingeschränkt zu sein und der Angst davor, aus der Gemeinde ausgestoßen zu werden. Vor allem, wenn diese Gemeinde für eine lange Zeit Ihren Lebensmittelpunkt darstellte und Sie Ihre Ansichten darauf basierend geformt haben, ist die Angst, als Sektenaussteiger von seiner einstigen Familie geächtet zu werden, groß.

Aber wie schaffen es Sekten überhaupt, eine solche Macht aufzubauen? Ganze Gruppen erfolgreich zu isolieren und diesen Menschen dann ein Weltbild zu vermitteln, sodass sie ihr Leben um eine tief sitzende Angst herum gestalten müssen? Wie viel realisieren Sektenmitglieder tatsächlich? Und was passiert, wenn man es doch schafft, auszusteigen? Gibt es Mittel und Wege, sein Leben ohne die Sekte neu zu gestalten? Und wenn ja, wie?

Um über das Thema sprechen zu können, müssen die Begrifflichkeiten „Sekte" und „Kult" erst einmal definiert werden. Unter einer „Sekte“ versteht sich eine Absplitterung einer größeren Religion. In etwa wie eine kleinere Gruppe, die sich aufgrund abweichender Ansichten von der größeren Religion entfernt hat. Der Begriff wird abwertend verwendet, da diese Ideologien meist radikaler praktiziert werden.

Im Vergleich dazu ist ein Kult eine kleine Gruppe, die eine Gottheit durch religiöse Riten und Feste verehrt. Ein Kult ist auch an bestimmte Zeiten gebunden, da bestimmte Rituale unter besonderen Bedingungen stattfinden sollten, um ihre Wirkung zu entfalten.

Eine Sekte zeichnet sich also durch Ansichten aus, die durch den Ausschluss von Nichtmitgliedern und durch die Wiederholung religiöser Dogmen tiefe Wurzeln schlagen. Wie das möglich ist, wird durch folgende Punkte erklärbar:

1. Schwächen. Menschen, die im Leben einen Sinn und nach Halt suchen, sind besonders anfällig für Versprechungen. Sie haben häufig bereits viel durchgemacht und wissen nicht mehr weiter, weil sie wortwörtlich am Ende sind. Egal, ob emotional oder körperlich. Sie wurden auf die eine oder andere Weise entwurzelt und ihnen fehlt es an Stabilität und Struktur. Wenn sie nicht von selbst zu der Sekte kommen, ist es auch ein Freund oder Bekannter, der sie zum Beispiel zu einer Sitzung einlädt.

2. Charisma. Das Oberhaupt dieser Sekte bietet diesen Menschen mit seinem Charisma und seiner Empathie schließlich die gesuchte Stabilität. Es baut sie auf, ist freundlich und geht auf ihre Bedürfnisse ein. Das Oberhaupt bietet ihnen mithilfe der anderen Mitglieder eine Art Ersatzfamilie, die sie auffängt. Je tiefer man jedoch in diese Struktur hineinrutscht, desto mehr verändert sich das Bild des Oberhaupts und es wird immer fordernder.

3. Isolation. Ob geografisch oder nicht: Die Sekte isoliert ihre Mitglieder und schirmt sie bewusst vor all dem ab, was ihrer Dynamik nicht förderlich ist. Wer als Außenstehender einen Einblick erhalten möchte, schafft dies nur schwer oder erhält lediglich einen inszenierten Eindruck. Wie die Sekte tatsächlich arbeitet, wird so nicht ersichtlich. In manchen Fällen wird es sogar so extrem wie 1978 in der von Sektenführer Jim Jones gegründeten Siedlung Jonestown in Guyana, Südafrika. Der Kongressabgeordnete Leo J. Ryan wurde von Anhängern des People's Temple erschossen, bevor er abreisen konnte. Seine Aufgabe war es, die Siedlung zu inspizieren. Jim Jones inszenierte eine Veranstaltung für den Abgeordneten, als ihm währenddessen einige der Mitglieder unauffällig Zettel zusteckten. Auf diesen Zetteln stand, er solle sie wieder in die Staaten mitnehmen. Sie selbst konnten nicht ausreisen, da Jones ihre Pässe bei Ankunft im von ihm so bezeichneten „letzten Paradies" an sich genommen hatte.

Nach der Ermordung des Kongressabgeordneten Ryan beschloss Jones, dass alle Mitglieder des People's Temple – zu der Zeit um die 1000 – durch Suizid sterben sollten. Das Jonestown-Massaker forderte 900 Todesopfer, 300 davon Kinder unter 17 Jahren. Sie alle starben durch Zyanid, während Jones erschossen wurde, weil er nicht durch eine solche Kapsel sterben wollte.

Um die 100 Mitglieder des People's Temple überlebten, darunter auch der Adoptivsohn von Jim Jones.

Manchmal werden skeptische Mitglieder auch absichtlich gebrochen, sodass die Sekte sie „nach ihren Wünschen und Vorstellungen" wieder neu aufbauen kann. Das Band, das diese Mitglieder an die Sekte binden soll, wird so enger geknüpft.

Ob Außenstehende glauben würden, was den Mitgliedern hinter verschlossenen Türen passiert, wissen sie nicht. Die Illusion wird aufrechterhalten, dass nur andere Mitglieder verstehen, was in einem selbst vorgeht. Solche Methoden verlauten zu lassen, würde Familie und Freunde nur in ein schlechtes Licht rücken und dafür sorgen, dass man sie vielleicht sogar niemals wiedersieht. Da wäre außerdem noch die Angst, dass sich Familie und Freunde eher für die Gemeinschaft der Sekte und nicht für den Aussteiger entscheiden.

Wer aus einer Sekte aussteigen will, hat einen langen Weg vor sich. Psychologe Dieter Rohmann hilft seit über 40 Jahren Aussteigern auf diesem Weg. Im hr-Interview mit Stefan Bücheler sagt er, dass seine Patienten häufig Schwierigkeiten haben, überhaupt zu beschreiben, was ihnen widerfahren ist. Das Erlebte zu verarbeiten und Emotionen wie Angst, Trauer und Selbstzweifel auf eine gesunde Weise anzugehen – darin begleitet Rohmann sie in seiner Arbeit. Meist sind es sogar die Angehörigen eines Sektenmitglieds oder die Mitglieder selbst, die noch mit einem Fuß in der Tür der Sekte stehen und sich Hilfe erhoffen. Die Unterstützung durch Angehörige ist für Aussteiger besonders wichtig, denn sie müssen sich in der „Außenwelt“ neu zurechtfinden und lernen, selbstständig zu sein. Angehörige zu haben, die sie bei dieser Arbeit unterstützen, ohne über sie und ihre Vergangenheit zu urteilen, ist da eine große Hilfe.

6. Narzissmus

Ein Narzisst gilt als das Paradebeispiel eines Manipulators. Der Name, der sich aus der griechischen Mythologie ableitet, die die Geschichte des jungen Mannes Narziss erzählt, der sich in sein eigenes Spiegelbild verliebt und dann bei dem Versuch ertrinkt, es zu küssen, ist bekannt. Narzissten rücken sich selbst in den Vordergrund und sorgen vorzugsweise mit Gaslighting dafür, dass das auch so bleibt. Sie platzieren sich in der Opferrolle oder in der Rolle des guten Samariters, der sich aufopfernd um die Menschen in seinem Umfeld kümmert. Durch Guilt-Tripping sorgen Narzissten dafür, dass der andere die Schuld bei sich sucht und nicht beim Narzissten, denn: Sie sind auch nicht kritikfähig, sondern haben ein Talent dafür, Geschichten so zu verdrehen, dass das schlechte Gewissen den Rest übernimmt. In ihren Augen sind sie unfehlbar, wollen nur das Beste für einen und können nicht damit umgehen, wenn sie jemand auf toxische Verhaltensweisen anspricht. Wenn das passiert, reagieren Narzissten mit Unverständnis. Sie reagieren mit Liebesentzug, sodass die kalte Schulter ihre Wirkung zeigt und die andere Person sich für ihr – eigentlich nachvollziehbares – Verhalten entschuldigt. Denn sie will natürlich, dass alles wieder in Ordnung ist und der Narzisst aufhört, sich ihr gegenüber so abweisend zu verhalten. In ihren Augen sind Narzissten nämlich Teil einer Welt, in der ihre Sicht der Dinge eine unumstößliche Tatsache ist. Ihnen fehlt die Empathie, um auf andere Menschen und ihre Gefühlswelt einzugehen. Aufgrund der narzisstischen Arroganz reagieren sie übertrieben und es wirkt, als wäre der Regler für ihre Emotionen plötzlich von der einen Seite auf die andere gesprungen. Sektenführer, wie in Punkt fünf vorgestellt, entpuppen sich oft als Narzissten: Ihre Entscheidungen sollen nicht angezweifelt werden, und selbst wenn Kriterien in einer Argumentation mal wechseln sollten, ist das für Narzissten kein Grund, an ihnen zu zweifeln. Es gibt immer eine Erklärung für ihre Entscheidungen. Um Zweifel zu umgehen, blicken sie oft auf andere herab und tun so, als wären diese die armen und ahnungslosen Schäfchen, die sich glücklich schätzen können, dass der Narzisst sie unter ihre Fittiche genommen hat. Achten Sie mal darauf, wie der Narzisst spricht: Wie oft verwendet er in Sätzen das Wort „ich“ oder bezieht Gesprächsthemen auf sich selbst? Egal wie: Unterschätzen Sie nicht sein Talent darin, das zu schaffen. Selbst wenn es nur das unnötige und unhöfliche Korrigieren der Grammatik ist. Narzissten erscheinen gern klüger als alle anderen und finden passende Mittel und Wege.

Hier gilt, sich von jeglicher Hoffnung auf Besserung zu trennen. Sie können einen Narzissten nicht durch eine sanfte Hand und viel gutes Zureden zu einer Veränderung bewegen. Die Hoffnung, die Sie haben, spielt nur dem Narzissten selbst in die Hände. Sie bindet Sie an den Narzissten. Je mehr Chancen Sie ihm geben, desto mehr davon wird er bewusst gegen Sie ausspielen. Entfernen Sie also die Hoffnung aus der Gleichung, die Ihre Beziehung darstellt. So gibt es einen Faktor weniger, durch den ein Narzisst Sie kontrollieren kann.

Sie können einen Narzissten nicht verändern, es sei denn, Sie finden für ihn ein anderes Gehirn. Das Verhalten ist Teil seines Charakters, das Gehirn ist bei ihm nun mal so vernetzt, wie es vernetzt ist. Das bedeutet auch, dass SEINE Reaktion auf IHR Verhalten nicht Ihre Schuld ist. Sollten Sie sich also dabei erwischen, wie Sie „aus Gewohnheit“ ein schlechtes Gewissen haben: Halten Sie inne. Atmen Sie tief durch und rufen Sie sich wiederholt in Erinnerung, dass die Wahrnehmung des Narzissten und seine Reaktionen außerhalb Ihrer Kontrolle liegen. Was er als „fair“ und „unfair“ bezeichnet, ist ganz sicher weitab vom Schuss. Der Umgang mit einem Narzissten ist eine gute Möglichkeit, die eigenen Grenzen zu ziehen und einzuhalten. Wenn Sie ihm also drohen, die Polizei zu rufen, wenn er noch einmal unangekündigt auftaucht, dann tun Sie das auch. Rufen Sie die Polizei und lassen Sie sich nicht einreden, dass diese Maßnahme übertrieben ist oder dass Sie vollkommen überreagieren. Es ist besser, Sie haben die Polizei gerufen und fühlen sich danach sicherer, als dass der Narzisst davon ausgeht, dass Sie Ihre Drohungen nicht wahr machen werden und daraufhin noch mehr Grenzen überschreitet.

Um den Beginn eines Heilungsprozesses zu gewährleisten, ist auch hier Distanz wichtig. Sobald Sie sagen können, dass Ihre Beziehung zu dem Narzissten nicht mehr emotional ist oder so weit, dass Sie diesen Kontakt nicht mehr emotional betrachten: Teilen Sie ihm sachlich mit, dass die Beziehung beendet ist. Für den Fall der Fälle, dass es schnell gehen muss und Sie beispielsweise die gemeinsame Wohnung verlassen müssen, bereiten Sie eine gepackte Tasche und ein Prepaidhandy vor. Die Tasche deponieren Sie dann (nach Einverständnis) bei der Person Ihres Vertrauens und das Prepaidhandy ist Ihre Notfallnummer, die niemand außer Ihnen und die Person Ihres Vertrauens kennt. Es ist ein Plan, von dem Sie wahrscheinlich hoffen, niemals so weit gehen zu müssen. Aber es ist auch ein Plan, den Sie haben sollten.

Ihre Erlebnisse mit einem Narzissten können Sie nur mit viel Unterstützung verarbeiten. Familie und Freunde sind da unverzichtbar. Aber auf jeden Fall sollten Sie eine Therapie in Betracht ziehen, in der Sie Ihre Emotionen und vielleicht auch Schuldgefühle professionell aufarbeiten können.

7. „Wir“ vs. „die“: Manipulative Rhetorik

Mit der Entscheidung des Supreme Courts in den USA gegen das Recht auf Abtreibung in *Roe v. Wade* ist das Thema um Schwangerschaftsabbrüche aktueller denn je. In einem krassen Kontrast dazu steht das in Deutschland vor Kurzem abgeschaffte Gesetz gegen Werbung für Schwangerschaftsabbrüche. Die US-Diskussion spaltet sich in die Lager „Pro Choice“, also „Für die Wahl“ und „Pro Life“, also „Für das Leben“. In Deutschland ist ein Schwangerschaftsabbruch bis zur 14. SSW straffrei, Betroffenen wird es jedoch so schwer gemacht, einen Termin zu erhalten, dass diese Frist zu verstreichen droht, noch ehe der Abbruch durchgeführt werden kann. Statistisch gesehen erlebt jede fünfte Frau im Laufe ihres Lebens eine Abtreibung. Bundesweit gibt es (Stand 2021) nur in etwa 1000 Ärzte, die sie durchführen, während andere Kollegen sich aus ethischen Gründen weigern. Da in den benachbarten Niederlanden die Gesetze diesbezüglich liberaler sind und ein Schwangerschaftsabbruch bis zur 17. SSW noch straffrei ist, sehen viele der betroffenen Frauen einen Ausweg darin, sich dort die notwendige medizinische Behandlung zukommen zu lassen. Die Stigmatisierung der Frauen, die sich – aus welchen Gründen auch immer – dafür entscheiden, hält sie davon ab, überhaupt darüber zu sprechen. Vor allem die Angst vor Verurteilung durch die Vertreter der „Pro Life“-Fraktion ist groß. Diese ist der Meinung, dass die Frau das Recht auf Selbst- und Mitbestimmung verliert, sobald sie schwanger ist. Sie sehen das Gewebe, das in der 6. SSW noch vorhanden ist, als bereits vollwertigen Menschen an. Dieser Mensch habe das Recht darauf, zu leben. Ob die Schwangere diesem „Menschen“ das Leben, das er verdient, überhaupt bieten und ihn versorgen kann – diese Frage beantworten sie nicht. Welche Umstände zu dieser Schwangerschaft geführt haben, ist auch egal. Ganz bibeltreu heißt es: Wenn Gott dieses Leben geschenkt hat, so soll dieses Leben auch geboren werden.

Aber wenn die Trennung von Kirche und Staat schon lange vollzogen wurde, wie kommt es überhaupt zu einer Spaltung in solche radikal unterschiedlichen Lager?

Es sind die Bilder, die hervorgerufen werden. Die Betroffenen werden beispielsweise beschuldigt, einem anderen Menschen das Leben genommen zu haben. Die Straftat der Kindstötung (§ 217 StGB), also der vorsätzlichen Tötung eines Neugeborenen, wird angelastet. Dieser Strafbestand gilt heute übrigens nicht mehr, sondern fällt unter Totschlag (§ 212 StGB), der im minder schweren Fall– also, wenn sich die Frau in einer Notsituation befunden hat – mit zehn Jahren bestraft. In seinem Artikel für die katholische „Tagespost" bezeichnet Korrespondent Stefan Rehder einen Schwangerschaftsabbruch als „vorgeburtliche Kindstötung". Er erklärt die Gründer der Non-Profit-Organisation „Planned Parenthood" (dt. in etwa „geplante Elternschaft"), Margaret Sanger und Hans Harmsen zu Eugenikern und „Anhängern der Rassenhygiene". Planned Parenthood setzt sich für die Aufklärung über Verhütung und für das Recht auf Schwangerschaftsabbruch ein, indem sie Betroffene unterstützt. Zu diesen „Anhängern der Rassenhygiene" zählt Rehder auch „Ableger" wie ProFamilia. ProFamilia ist ebenfalls eine nicht staatliche Organisation in Deutschland, die sich für eigenständige Familienplanung einsetzt.

Mit einer Wortwahl wie dieser, die gezielt an Naziideologie erinnert und Straftaten wie Totschlag in den Kontext einbringt, entstehen Bilder, die Betroffenen Angst machen sollen. Diese Angst soll sie dazu bringen, das Kind auszutragen und zu versorgen, denn das Kind gegebenenfalls zur Adoption freizugeben oder die Möglichkeit der Babyklappe zu nutzen, ist ebenfalls stigmatisiert. Bringt die Frau oder Jugendliche das Kind zur Welt und lässt es in Armut aufwachsen, weil sie selbst keine anderen Möglichkeiten hat, so hätte sie „besser aufpassen sollen“ und sei „selbst schuld an ihrer Lage.“ In Deutschland sind 16 % der unter 18-jährigen Frauen von Armut bedroht, bei den unter 18-jährigen Männern sind es 16,4 % (Stand 2021).

Was wird also wirklich manipuliert? Das Recht der Frau auf (sexuelle) Selbstbestimmung? Wenn „Pro Life“-Unterstützer tatsächlich für das ungeborene Leben einstehen, warum sorgen sie in erster Linie dann nicht dafür, dass es stabile Strukturen gibt, um diesem Leben die nötige Sicherheit und Geborgenheit zu bieten? Laut Statistischem Bundesamt liegt Deutschland mit 1,53 Kindern im EU-Durchschnitt. Letztes Jahr, also 2021, lag der Durchschnitt bei 1,58 Kindern. Was muss sich also verändern? Und was würde sich verändern, wenn das Stigma um Schwangerschaftsabbrüche nach und nach abgebaut würde? Und wie wird sich die Situation verändern, jetzt, da die Bundesregierung § 218 und § 219a gestrichen hat?

Was bei einer solchen „Wir“-vs.-„die“-Argumentation besonders auffällt, ist die klare Grenze zwischen (angeblich) richtig und (angeblich) falsch. Die eine Partei hält die jeweils andere für fehlgeleitet. Dass die eine wissenschaftliche beziehungsweise medizinisch nachweisbare Fakten vorweisen kann, während die andere sich auf den religiösen Glauben beruft, stellt das Ungleichgewicht noch einmal deutlicher dar. Es ist der klare Gegner, der mit so einer Rhetorik suggeriert wird: „Die liegen falsch, wir liegen richtig!“

Selbstverständlich ist religiöser Glaube und Bibeltreue nicht falsch. Falsch sind die Grenzüberschreitung und der Glaube, das Leben anderer mit seinen eigenen Ansichten verurteilen zu dürfen, weil man denkt, über dieser Person zu stehen.

So gesehen wird Abtreibung zu verbieten oder zu erschweren lediglich dazu führen, dass Betroffene einen anderen Weg suchen, der sie dann sogar in Lebensgefahr bringen könnte. In dieser Debatte muss die Stigmatisierung um das Thema abgebaut werden und Scheinargumente wie „Früher gab es so was nicht!" oder sogar „Das ist Kindstötung!" durch gezielte Informationen entkräftet werden. Außerdem bedarf es besseren Schutzes für Betroffene, sodass sie beispielsweise vor protestierenden Ansammlungen vor Abtreibungskliniken abgeschirmt werden.

Scheinargumente – sogenannte Strohmannargumente – sind Argumente, die stark erscheinen sollen, obwohl sie es nicht sind. Hinter ihnen verbirgt sich nichts, das sich mit Fakten stützen lässt.

„Früher war alles besser!", ist beispielsweise ein solches Scheinargument. Oder alte Gewohnheiten, die man nur schwer ablegen kann, weil man bestimmte Dinge eben „schon immer so gemacht hat!"

Abgesehen davon, dass die Auslegung der Bibel stark subjektiv ausfallen kann, wird sie in dieser Debatte als richtungsweisend interpretiert und die Schrift engstirnig als Fakt anerkannt. Dass es Theologen gibt, die sich jahrelang eingehend mit der Auslegung der Bibel als Gelehrte beschäftigen oder dass der eine oder andere Übersetzungsfehler seinen Weg in die Schrift gefunden haben könnte, wird nicht bedacht. Immerhin gilt die Bibel mit 2,5 Milliarden Exemplaren als das meistgedruckte Buch der Welt. Vorurteile und Stigma haben eine hohe Mauer gebaut, die sich nur überwinden lässt, wenn zugehört und nicht mehr verurteilt wird. Vor allem darf dieses Thema nicht nur einseitig betrachtet werden. Sie müssen sich dazu Ihre eigene Meinung bilden können, ohne Angst vor Verurteilung. Deshalb sollten Sie darauf achten, woher

Ihre Informationen kommen: Ist es eine katholische Zeitung? Wo die Möglichkeit besteht, dass relativ einseitig berichtet wird? Oder ist es eine andere Quelle, die dieses sensible Thema auch beidseitig beleuchten kann, ohne mit seinem Schreibstil zu urteilen? Journalismus verpflichtet zur Neutralität, um eine vorurteilsfreie Berichterstattung zu gewährleisten. Deshalb ist es besser, sich eingehend über etwas zu informieren und so viele (seriöse) Quellen zu lesen wie möglich. Halten Sie Ihre Recherchen so gut es geht breit gefächert. Natürlich können Sie auch offen sagen, dass Sie zu einem bestimmten Thema nicht genug Informationen besitzen, um eine fundierte Meinung abzugeben. Solange Sie offen damit umgehen, ist Ihr Teil auch getan. Wenn Sie nur wenig über einen Sachverhalt wissen, dann müssen Sie auch bereit dafür sein, dass dieser sich bei neuen Informationen ändert. Genau wie der Mensch wächst, kann sich auch eine Meinung innerhalb kürzester Zeit verändern. Das bedeutet nicht, dass Sie zuvor „nur so getan haben". Es bedeutet einfach nur, dass sich Ihre Meinung zu einem Thema geändert hat. Und das ist vollkommen in Ordnung.

8. Lobbyismus: Waffengewalt in den USA

Die Bill of Rights der USA aus dem Jahr 1789 beinhaltet einen Verfassungszusatz, der heute relevanter nicht sein kann: „The Right to bear Arms", also „Das Recht auf das Tragen einer Waffe". In den USA stellt dieser Zusatz heute noch ein schwerwiegendes Problem und Stoff für immer wiederkehrende Diskussionen dar: Diskussionen, die bei den konservativen Republikanern auf taube Ohren stoßen und die lieber Lehrern erlauben würden, im Schulunterricht eine Waffe zu tragen, um so „ihre Schüler zu beschützen". Anstatt darüber nachzudenken, ob ein Verfassungszusatz von 1789 heute noch genauso greifen kann wie zu der Zeit, als er eingesetzt wurde. Nelson Lund, Professor für Recht an der George-Mason-Universität in Virginia (Antonin Scalia Law School) beschreibt diese Zeit als eine, zu der es sicherer war, eine Waffe im Haus zu haben und sich verteidigen zu können, da eine Armee aufzustellen und diese auf einen Kampf vorzubereiten zu viel Zeit gekostet hätte. Es war eine Zeit, in der man davon ausgehen musste, dass eine Miliz aus bewaffneten Bürgern sich im Notfall gegen Invasoren verteidigen konnte –ohne die konstante Präsenz von Soldatentruppen. Die Unabhängigkeitserklärung der – damals noch 13 – Staaten war zu diesem Zeitpunkt erst vor 15 Jahren unterzeichnet worden. Die noch jungen Vereinigten Staaten wurden von Bürgerkriegen durchzogen, weil Hunger, Armut, Schulden und Frust nicht zu unterschätzende Feinde darstellten.

In den heutigen USA ist das in einem anderen, modernen Maßstab zu sehen. Dass sich konservative Politiker und Nachrichtensender im Fernsehen auf diesen zweiten Verfassungszusatz berufen, wenn Schützen und Attentäter in Schulen das Leben von Kindergartenkindern und Jugendlichen gefährden oder sogar beenden, und danach erneut eine Diskussion über Waffengewalt und den Schutz davor entbrennt, scheint unverständlich.

Aber warum ist das so? Unter anderem aufgrund von Lobbyismus. Die Waffen-Lobby in den USA, die National Rifle Association (NRA), finanzierte im Jahr 2016 den Wahlkampf von Donald Trump mit 30–50 Millionen Dollar. Joe Bidens Präsidentschaftswahlkampf im Jahr 2020 wurde mit 12,2 Millionen Dollar für eine Anti-Biden-Kampagne von der Waffen-Lobby angegangen. Im Jahr 2018 gab es acht Amokläufe, die 30 Leben kosteten und 50 Verletzte forderten. Laut dem NBC News „School Shooting Tracker" gab es im Jahr 2018 im Durchschnitt alle 45 Tage einen Amoklauf. Die Marjory Stonem Douglas

High School in Parkland, Florida, erlangte durch den Amoklauf am Valentinstag 2018 traurige Berühmtheit. Der 19-jährige Täter war selbst ehemaliger Schüler der Schule. Trotz Polizeipräsenz auf dem Campus war es ihm möglich, diesen bewaffnet zu betreten und 17 Schüler zu töten.

Emma González, eine Überlebende des Amoklaufs, setzt sich mit ihren Mitschülern mit „March For Our Lives" und „Never Again MSD" für schärfere Waffengesetze ein.

Die selbst ernannten „Waffengesetz-Aktivisten" posteten ein Foto von González auf Twitter. Darauf zerreißt die Schülerin angeblich die Verfassung. Dieses Foto wurde bearbeitet, denn das Original von Tyler Mitchell für das Cover des Magazins TeenVogue zeigt González dabei, wie sie das Poster einer Zielscheibe in der Mitte zerreißt – wie die Zielscheiben, die man auf Schießständen findet. Selbst, als herauskam, dass das Foto bearbeitet wurde, war González nicht vor einer Hetzkampagne durch Unterstützer der NRA sicher. Selbst ihre kolumbianischen Wurzeln oder die Tatsache, dass sie die Vorsitzende der Gay Straight Alliance (Eine Art AG, die Mitglieder der LGBTQ+Community und ihren Unterstützern ein sicheres Umfeld für Austausch bietet) ihrer Schule war, werden angegriffen. Die NRA investiert jährlich 3 Mio. Dollar, um die Waffenpolitik zu beeinflussen. Finanziert durch Mitgliedschaften, die sich aktuell auf 5 Mio. Mitglieder belaufen. Andere Geldquellen sind laut BBC News schwerer nachzuvollziehen. Die Waffen-Lobby zieht die finanzielle Unterstützung für Kandidaten zurück, wenn ihre Kampagne nicht den Vorstellungen der Lobby entspricht. So war das auch im Fall des Republikaners David Jolly, der nach der Schießerei im PULSE-Nachtklub im Jahr 2016 (49 Opfer) eine Gesetzesänderung vorschlug, die es Menschen auf der Flugverbotsliste und Terror-Verdächtigen verbietet, Waffen zu erwerben. David Jolly verlor die darauffolgenden Wahlen im Jahr 2017 um 3,8 % oder 13,544 Stimmen. Er selbst meint, dass er die Kampagne vielleicht gewonnen hätte, wäre sie besser finanziert worden. Mit diesem Hintergrundwissen ist der Slogan der NRA: „Freedom's Safest Place“, also etwa „Der sicherste Ort für die Freiheit“ mehr als nur kontrovers. Das Beispiel der NRA zeigt aber die dunklere Seite der Manipulation. Die NRA hat als Waffen-Lobby bestimmte Interessen, die sie in der Politik durchzubringen versucht. Sie hat aber leider auch die finanziellen Möglichkeiten, diese Interessen durchzubringen. Das alles basierend auf einem Verfassungszusatz von 1789. Es ist also wichtig, dass Sponsoren und Geldquellen nachvollziehbar dargestellt werden. Wer in einem Land wichtige Entscheidungen treffen darf, hängt mit den Lobbyisten zusammen. Sie vertreten die verschiedenen Branchen, die von der Politik und ihren Entscheidungen beeinflusst werden. Es ist also gut, wichtige Informationen direkt von den Quellen zu erfahren und mit ihnen abzusprechen. Andererseits muss Transparenz in den Vordergrund gestellt werden, um sicherzustellen, dass die Informationen auch zutreffen und der Lobbyismus nicht zu stark in den Mittelpunkt der Politik rückt, sodass ein Gleichgewicht entsteht. Laut Transparency International Deutschland e. V. würde ein verbindliches Register dabei helfen, sowie die Kenntlichmachung von Gesetzestexten, die basierend auf Lobbyunterlagen verfasst wurden.

9. Das richtige Image: Black Lives Matter

Mit *Black Lives Matter* hat das Rassismus-Problem in den USA einen Namen erhalten. Die sinnlose Polizeibrutalität gegenüber Afroamerikanern ist immer wieder in den Medien präsent und die Liste der Opfer wird traurigerweise immer länger. Als 2020 die

Aufnahme von George Floyds Mord viral ging, begannen Proteste gegen Polizeibrutalität auf der ganzen Welt. Diese Aufnahme zeigt den Täter, Ex-Polizist Derek Chauvin dabei, wie er auf dem am Boden liegenden George Floyd kniet und wie dieser immer wieder mitzuteilen versucht, dass er nicht atmen kann. Ganze neun Minuten und 29 Sekunden lang. Währenddessen schirmen Chauvins Kollegen ihn immer wieder ab, sodass niemand Floyd, der in Handschellen am Boden liegt, helfen kann. Der Grund für diese Gewalt ist eine angeblich gefälschte 20-$-Note. Mit Chauvins Verurteilung zu 22,5 Jahren Haft konnten die Hinterbliebenen von George Floyd wenigstens etwas an Gerechtigkeit erfahren. Der Mörder des 17-jährigen Trayvon Martin, George Zimmerman, wurde freigesprochen. Der sinnlose Tod des Jugendlichen, der nur Süßigkeiten und Softdrinks in einem Laden kaufte, führte zu den Anfängen der Black-Lives-Matter-Bewegung. Zimmermann konfrontierte Martin trotz des Befehls der Leitstelle, sich zurückzuhalten.

Die Wichtigkeit des Images in der Berichterstattung über diese Vorfälle von Polizeibrutalität wird immer wieder deutlich. Auffällig ist dabei die Darstellung der Täter in Polizeiuniform oder im Anzug. So wirkt das Bild auf das Gehirn freundlicher, also verknüpft es mit dem pflichtbewussten Freund und Helfer, der nur seine Arbeit macht. Die Präsentation der Afroamerikaner in den Nachrichten sieht da ein wenig anders aus: Die Lokalnachrichtensender, unter anderem WCBS in New York, beziehen noch nicht rechtmäßig verurteilte Verdächtige in ihre Statistiken ein, was bedeutet, dass die Kriminalität mit Afroamerikanern im Fokus mit drei von vier (75 %) höher ausfällt, als das NYPD in seiner Verhaftungsstatistik tatsächlich vorweisen kann. Die Statistik zählt zwei von vier (51 %) Verhaftungen. Afroamerikanische Bürger werden verstärkt in den Fokus gestellt, sodass ein bestimmtes, negatives Bild dieser Bürger entsteht. Auch bei der Black-Lives-Matter-Bewegung wird in der Berichterstattung Wert darauf gelegt, das Opfer zu diskreditieren, indem – wie im Fall von Trayvon Martin – betont wird, dass er dreimal von der Schule suspendiert wurde. Diese und andere Titel sollen vermitteln, dass das Opfer nicht so unschuldig war wie anfangs gedacht. Solche finden sich immer wieder in der Berichterstattung zu dem Thema, sodass die Bevölkerung mit dem Täter sympathisiert. Das Bild von Martin in seinem grauen Hoodie ist zu einem festen Bestandteil der Protestbewegung geworden.

Das US-amerikanische Polizei-System bietet den Beamten den nötigen Schutz vor Konsequenzen. Die Beamten beschäftigen sich in ihrer Ausbildung, so Hasan Minhaj in seiner Netflix-Sendung „Patriot Act", nur acht Stunden mit Konfliktlösung und Deeskalation, während 129 Stunden für den Umgang mit Waffen sowie Schießtraining gebraucht werden. Die angeblich am besten trainierte Polizei der Welt ist also nicht gerade sicher darin, gegebenenfalls angespannte Situationen zu entschärfen. Sie sind aber darauf trainiert, zu reagieren, bevor es ihr Gegenüber tut, was in den meisten Fällen einen Schusswechsel bedeutet. Mit der Diskreditierung der Opfer und der Schuldzuweisung wird das Unrecht, das ihnen angetan wurde, nicht angeprangert und sogar entschuldigt. Hasan Minhaj erklärt, warum es so schwer ist, einen Polizisten wegen eines Regelverstoßes überhaupt anzuklagen: Aufgrund eines Gesetzes, das übersetzt „qualifizierte Immunität" bedeutet, muss das Opfer beweisen, dass ein zuvor deutlich etabliertes Recht oder Gesetz verletzt wurde. Dadurch, dass ein Polizist nur schwer verurteilt werden kann, fällt der notwendige Präzedenzfall aber weg.

Und selbst wenn eine Klage tatsächlich durchgeht, behält der Polizeiapparat sich vor, diese Unterlagen unter Verschluss und streng geheim zu halten. Die Black-Lives-Matter-Bewegung zeigt, wie ausschlaggebend eine subjektive Berichterstattung sein kann und warum es die Pflicht des Journalismus ist, neutral zu berichten.

10. Gaslighting

Am Anfang dieses Buches wurde das Thema Gaslighting bereits angesprochen. Die Frage, wie man sich gegen Gaslighting bestmöglich schützen kann, ist eine andere. Faktoren wie die Unsicherheiten der Person und das daraus resultierende, mangelnde Selbstbewusstsein geben Manipulatoren den nötigen Spielraum: Wie werden Sie eingeschränkt? Welche unwahren Behauptungen werden immer wieder Thema in Gesprächen, durch die Sie kontrolliert werden sollen? Wie merken Sie, dass gerade ein Bild von Ihnen entsteht, das nicht wahr ist? Gaslighting ist ein beliebtes Werkzeug in Sekten (siehe Punkt fünf) und tritt häufig bei Menschen mit einer narzisstischen Persönlichkeitsstörung auf (siehe Punkt sechs). Menschen, die sich in einer Machtposition wähnen und diese um jeden Preis aufrechterhalten wollen, greifen auf Gaslighting zurück.

Diese Taktik baut sich langsam und hinterhältig auf und ist stark nuanciert, weshalb es nicht den einen oder anderen Tipp gibt, der Ihnen da garantiert aus der Patsche helfen wird. Das sollten Sie von vornherein wissen: Wenn die Psyche involviert ist, geht jeder Mensch anders mit Stresssituationen und Missbrauch um. Bei manchen dauert die Heilung länger, bei anderen nicht. So oder so ist es ein ganzes Stück Arbeit, das Sie größtenteils selbst stemmen müssen. Selbstverständlich gibt es Freunde und Familie, die Sie da moralisch unterstützen und Ihnen ein Ohr bieten können, wenn nötig, aber es bleibt hauptsächlich Kopfarbeit. Je nachdem, wie lange Sie ein Opfer von dieser Art emotionalem Missbrauch waren, kann es schwerer oder leichter fallen. Dabei müssen Sie bedenken, dass Heilung nicht linear ist, sondern auch Rückschritte und Rückfälle dazugehören. Das ist nicht als Zeichen von Versagen und Aufgeben zu werten, sondern gehört zum Prozess der Auseinandersetzung und Heilung dazu. Es wird Ihnen an manchen Tagen besser gehen als an anderen und an wieder anderen sind Sie empfindlicher. Das ist auch völlig in Ordnung.

Aber wie schützt man sich denn nun davor, emotional so manipuliert zu werden? In erster Linie müssen Sie auf geheime Mission gehen: Sammeln Sie Beweise und notieren Sie sich Auffälligkeiten. Sie haben Augen im Kopf und wissen, was Sie gesehen haben oder was passiert ist. Anschließend geht es darum, sich Hilfe zu suchen, was in Zeiten rarer Therapieplätze wie eine Mammutaufgabe erscheint. Aber viele Wege führen nach Rom, wie es so schön heißt. Es wird nicht einfach, aber es geht dabei um das Erlernen eines gesunden Umgangs mit dem Erlebten. Welchen Weg Sie wählen, bleibt Ihnen überlassen. Aber Sie müssen dafür sorgen, dass es professionelle Hilfe ist, die zu Ihnen passt. Dabei ist wichtig, dass Sie sich darin üben, Gaslighting auch so zu bezeichnen. Muster von Missbrauch haben aus diesem Grund einen präzisen Namen. Wenn Sie also merken, dass Sie manipuliert und durch Lügen verwirrt werden, speichern Sie Gaslighting auch als Gaslighting ab. Das emotionale Hin und Her und Auf und Ab in einer solchen Beziehung – egal, welcher Art – ist und bleibt kräftezehrend. Und wenn es immer wieder Momente geben sollte, die Sie an dieser Manipulation zweifeln lassen sollten, dann besinnen Sie sich auf all das vorher: all den Stress, die Nerven, vielleicht sogar die Tränen und Sorgen, die Sie durchlebt haben. Wenn Sie sich nicht sicher sind, ob das, was Sie gerade erleben oder erlebt haben, wirklich Gaslighting ist, dann gibt es unter anderem einen einfachen Weg, das herauszufinden: Schauen Sie sich *Rapunzel – Neu Verföhnt* (2010) an. Rapunzels Entführerin, Mutter Gothel, hat sie zu Anfang des Films gänzlich unter ihrer Kontrolle: Sie darf ihren Turm nicht verlassen, weil die Welt „da draußen" voller Menschen ist, die ihr etwas Böses wollen. Als Rapunzel es schließlich doch schafft, findet sie Mutter Gothel und macht ihrer Ziehtochter weiß, sie sei einfach nur dem Geruch des Verrats gefolgt und habe sie gefunden. Rapunzel darf sich die Haare nicht schneiden, weil Mutter Gothel diese als ewigen Jungbrunnen benutzt und Rapunzel so einen vorteilhaften Nutzen für sie darstellt. Dieser Zusammenhang wird Rapunzel allerdings erst im Laufe des Films bewusst. Zwischendurch gibt es auch Szenen, die auf eine gute Mutter-Tochter-Beziehung schließen lassen, wenn man weiter nicht genau hinsieht: Mutter Gothel schenkt Rapunzel zum Geburtstag Farbe zum Malen und will ihr zur Feier des Tages ihre Lieblingssuppe kochen. Als sie daraufhin noch mal auf ihren einzigen Wunsch, die Laternen vor ihrem Fenster aus der Nähe zu sehen, zurückkommt, fährt Mutter Gothel sie aus heiterem Himmel und entnervt an. Diese und weitere Details in Mutter Gothels manipulativem Verhalten bespricht der Therapeut Jonathan Decker mit seinem Freund, Filmemacher Alan Seawright in *Cinema Therapy* auf YouTube. Decker ist spezialisiert auf Familientherapie und Eheberatung sowie auf Trauertherapie und die Dynamik in Patchworkfamilien. Auf seiner Website nennt Decker unter anderem einen wichtigen Punkt, um Grenzüberschreitung in einer (romantischen) Beziehung entgegenzutreten: Machen Sie Ihren Standpunkt und Ihre Erwartungen an eine Beziehung von Anfang an klar und überschreiten Sie diese Grenze nicht zu früh, indem Sie eine Beziehung beispielsweise körperlich werden lassen. Laut

Decker wird eine Trennung schwerer fallen, wenn dieser Punkt überstürzt angegangen wurde.

Wenn Sie es geschafft haben, sich von der manipulativen Person zu distanzieren und den Kontakt abzubrechen, gilt es, das bestmöglich durchzuziehen. Nur wenn Sie Abstand gewinnen und sich auf die neuen Wege konzentrieren können, die sich Ihnen auftun, werden Sie den nächsten Schritt angehen können. Immer nur einen Schritt nach dem anderen. Schlussendlich sollten Sie eine Diskussion mit der Person, die diese Manipulationstechnik an Ihnen anwendet, vermeiden. Wenn sie es zuvor nicht war, wird sie auch dann nicht empfänglich für ehrliche Worte sein.

11. Victim-Blaming

„Der Rock war halt schon ziemlich kurz."

„Also, wenn sie so aussieht, dann braucht sie sich nicht wundern, wenn etwas passiert."

„Sie hat ein bisschen zu viel getrunken."

Haben Sie schon einmal solche Sprüche gehört? Und immer in Bezug auf Frauen? Im Vergleich heißt es nämlich meistens: „Er schlägt sie nur, wenn er betrunken ist" oder „Was dachtest du denn, was passiert?" Die Täter-Opfer-Umkehr, auch Victim-Blaming genannt, nimmt dem Opfer sein Recht auf Selbstbestimmung und Gerechtigkeit. Die Gefühle des Opfers werden infrage gestellt, seine Erlebnisse kleingeredet und es wird nach der Rolle des Opfers während der Tat gefragt. Was hat das Opfer getan, das den Täter provoziert haben könnte? Gab es vielleicht einen Streit zwischen Opfer und Täter? Was ist die Vorgeschichte?

Da im Abschnitt „In Beziehungen" schon ausführlich auf die Gewalt an Frauen eingegangen wurde, soll in diesem Abschnitt der Missbrauch von Männern beleuchtet werden. Obwohl sich die Zahlen beim Thema geschlechtsspezifische Gewalt stark unterscheiden, ist Gewalt an Männern in Beziehungen nicht unbekannt. Aufgrund des vorherrschenden Männerbildes als der dominante und meistens treibende, entscheidende Part in einer Beziehung fällt es Männern, die Opfer von Gewalt geworden sind, schwerer, sich zu erkennen zu geben. Das zeigt, dass Sexismus in der Gesellschaft sich nicht nur zum Nachteil der Frauen auswirken kann. Es herrscht die Meinung vor, dass die Männer, die Opfer von Gewalt werden, nicht stark genug sind, um sich zu verteidigen. Auch hier gilt: Es gibt keine Möglichkeit, von vornherein zu erkennen, wer das schon einmal hat erleben müssen. Es gibt keinen bestimmten Typ Mann, und wie bei Frauen ist auch bei Männern die Angst vor Gewalt durch den Partner ein Grund, darüber zu schweigen. Dabei muss die Gewalt nicht zwingend physisch sein, sondern kann sich auch in Beleidigung, Diskreditierung, Verhöhnung und Mobbing oder sogar Stalking ausdrücken. Die Opfer werden von ihren Partnern auf diese Weise kleingehalten und diese sorgen dafür, dass ihr Selbstvertrauen nach und nach schwindet. Manche haben Angst, sich zu zeigen, weil sie in eine Abhängigkeit gegenüber dem Partner geraten sind. Andreas Haase vom Männerhilfetelefon in NRW berichtet im Interview davon, dass die Hilfsmöglichkeiten für Frauen zwar gut ausgebaut, aber dieselben Möglichkeiten für Männer jedoch nicht erreichbar sind. Beispielsweise gibt es in Deutschland 378 Frauenhäuser, aber die Auswahl an Zufluchtsorten für männliche Opfer ist derzeit mit zwölf Männerschutzwohnungen deutschlandweit sehr klein. Häufig trifft Haase bei der Beratung auf Männer, die zuerst beim *Hilfetelefon: Gewalt gegen Frauen* angerufen haben und dann auf Haase und die Beratungsstelle verwiesen wurden. Es kommt auch vor, dass Familie und Freunde der Männer dort anrufen, wenn sie Anzeichen erkennen und weil sie dem Opfer helfen wollen. Dabei geht es nicht nur um Gewalt in der Beziehung, sondern auch um Gewalt auf der Straße, in der Kindheit oder zum Beispiel in Institutionen. Als das Männerhilfetelefon im Frühling 2020 seine Arbeit aufnahm, gab es also einiges zu tun. Laut Haase hat das Männerhilfetelefon im Jahr 2021 insgesamt 3.100 Beratungsgespräche durchgeführt. Die Opfer, die sich dort Hilfe suchen, sollen in der Beratungsstelle über Hilfsmöglichkeiten informiert und dazu motiviert werden, das bestehende Netzwerk in Anspruch zu nehmen.

Victim-Blaming ist ein Problem, das die Opfer davon abhält, sich die Hilfe zu suchen, die sie dringend benötigen. Die Angst vor der Reaktion derer, die sie um Hilfe ersuchen, ist zu groß.

Das Bild des Mannes hat erst vor Kurzem begonnen, sich zu verändern. Begriffe wie „Toxische Männlichkeit" sorgen dafür, dass es jetzt eine Definition für diese ungesunden und veralteten Ansichten des Männerbildes gibt. Diese toxische Männlichkeit wird im Laufe des Lebens erlernt, sodass man später Schwierigkeiten mit Selbstliebe, Respekt vor sich selbst und vor anderen sowie den Umgang mit den eigenen Gefühlen bekommen kann. Wer den gesunden Umgang mit seinen eigenen Gefühlen nicht früh genug lernt, kann einen solchen Umgang anderer mit ihren eigenen Gefühlen nicht nachvollziehen. Umso wichtiger ist es, offen anzusprechen, wenn toxische Männlichkeit – selbst wenn nur in beiläufigen Bemerkungen – vertreten oder propagiert wird. Laut Dr. Lori Lawrenz und Dr. Kurt Smith von PsychCentral ist einer von vier Männern wahrscheinlich einmal Opfer von Missbrauch geworden oder ist es aktuell. Die Möglichkeit einer sicheren Umgebung auch für männliche Opfer von Gewalt und Missbrauch ist wichtig, weshalb der erste Schritt in die richtige Richtung auch mit einer inklusiven Sprache und einer ernsten Herangehensweise an das Thema getan ist. Es geht darum, den Eindruck zu vermitteln, dass ein mögliches Gewaltopfer keine Vorurteile oder Kommentare fürchten muss, die seine Erlebnisse kleinreden. Anders gesagt: Wenn Sie einer Frau glauben würden, ohne über sie zu urteilen, wenn sie sich traut, Ihnen ihre Geschichte zu erzählen, dann sollten Sie mit derselben Ernsthaftigkeit reagieren, wenn ein Mann Ihnen diese Erlebnisse mitteilt. Toxische Männlichkeit erkennt man an unter anderem den folgenden Merkmalen:

1. „Ich bin halt ein richtiger Mann." Diese Herren neigen dazu, ihre Männlichkeit als Ausrede für bestimmtes, meist unangenehmes Verhalten zu nutzen.

2. „Das ist doch voll schwul." Offene Abneigung gegen alles, was nicht heteronormativ ist. Also sind Homosexuelle in ihren Augen „keine richtigen Männer", aber Lesben in Ordnung, weil sie für die eigenen sexuellen Fantasien benutzt werden. Möglicherweise ist auch internalisierte Homophobie vorhanden. Das Männerbild ist nicht wandelbar, sondern die Wahrnehmung strikt in „feminin" oder „maskulin" geteilt. So ist Nagellack „nur" feminin, Fußball aber „nur" maskulin. Dass eine Frau Fußball mögen könnte und „ein richtiger Mann" sich die Fingernägel lackiert, scheint nicht realistisch.

3. Aggression und erhöhte Gewaltbereitschaft. Aufgrund des eng gefassten Bildes von Männlichkeit ist die Bereitschaft da, seine eigene Männlichkeit zu „verteidigen". Zum Beispiel, wenn jemand etwas sagt, was nicht in dieses Bild hineinpasst. Außerdem haben Männer, die von diesem toxischen Bild geprägt wurden, gelernt, dass Gewalt Dominanz bedeutet. Wenn sie also nicht „schwach" erscheinen wollen, wählen sie den Weg der Gewalt.

4. Kein Respekt vor Grenzen. Der mangelnde Respekt vor den Grenzen anderer wird mit dem Verhalten oder Aussehen der anderen Person erklärt. Grenzen, die geäußert werden, werden bewusst überhört oder kleingeredet.

Es ist wichtig, zu erwähnen, dass nicht alle Männer, die diese Merkmale zeigen, nicht bereit dazu sind, an sich zu arbeiten. Es bedarf eines verständnisvollen Freundeskreises und der Bereitschaft, sich langfristig mit sich selbst und seiner eigenen Wahrnehmung von Dingen auseinanderzusetzen. Nur dann kann auch Victim-Blaming nach und nach zurückgehen. Andernfalls gilt auch hier, die Aufmerksamkeit offen darauf zu lenken. Bezeichnen Sie das, was vorgeht, auch aktiv als Victim-Blaming und sprechen Sie die Person direkt an: „Hey, [Name], das klingt verdächtig nach Victim-Blaming" oder „Was du da machst, nennt sich Victim-Blaming!" Es bedarf einiges an Übung, aber diese wird Ihnen dabei helfen, nach und nach abzubauen, was Sie zuvor davon abgehalten hat, diese Sachverhalte offen anzusprechen.

12. Verschwörungstheorien: Anti-Vaxxer

Mit der Coronapandemie hat die Bewegung der Impfgegner Aufwind bekommen. Unsicherheit und Angst spaltet die deutsche Gesellschaft nach wie vor in zwei Lager. Von „nur die Grundimpfungen", über „Ja, ich bin geimpft – gegen Tetanus!" und dem Glauben, dass die großen, gesichtslosen Pharmakonzerne Bürger nur als Versuchstiere sehen und man sich als Impfgegner aus dieser Schlinge rettet und „Big Pharma“ so ein Schnippchen schlägt, gibt es jede nur mögliche Begründung dafür, sich nicht impfen zu lassen. Den einen ging die Entwicklung des mRNA-Impfstoffs zu schnell (das war der entsprechenden Finanzierung im globalen Wettlauf um den Impfstoff zu verdanken). Den anderen sind aus demselben Grund die Wirkstoffe nicht ganz geheuer. Der Umgang der Bundesregierung, mit teils undurchsichtigen Coronamaßnahmen und einer Impfpflicht in der Pflege – die zu einem regelrechten Exodus in dieser Branche führte und dank des medialen Aufschreis dann zurückgezogen wurde –, könnte vielleicht in diese Gedankenwelt hineinspielen. Andere vertragen die Impfung nicht gut und kämpfen seitdem mit Nebenwirkungen. Sie fühlen sich von der Regierung allein gelassen. Wieder andere können aus gesundheitlichen Gründen, wie einer Autoimmunerkrankung oder aufgrund eines durch zuvor überstandene Krankheit geschwächten Immunsystems – wie nach einer Chemotherapie – nicht geimpft werden. Die Meinungen gehen aktuell auseinander, wie noch nie zuvor. Selbst, wenn jeder Mensch den anderen und seine Entscheidung respektieren würde: Die Schlucht, die Impfgegner und -befürworter trennt, scheint tief und weit.

Die eine Frage bleibt: Wenn es die Möglichkeit gibt, mithilfe eines Impfstoffs eine Krankheit einzudämmen oder ganz zu besiegen, warum wehren sich einige Menschen so stark dagegen? Warum gibt es überhaupt Anti-Vaxxer (aus dem Engl. „vaccination“ = Impfung) und wie kann man überhaupt gegen ein solches Hilfsmittel sein? Ein Mittel, das Krankheiten wie Polio und Pocken ausgerottet hat? Und das mit einem standardisierten Impfprogramm Diphtherie und Röteln eindämmt? Die Bewegung der Anti-Vaxxer begann im 18. Jahrhundert, als eine Impfung als „Teufelswerk“ und „gegen die natürliche Ordnung“ bezeichnet wurde. Sie entstand, kurz nachdem der Landarzt Dr. Edward Jenner eine Impfung gegen die Pocken entdeckt hatte. Jenner erkannte 1796, dass Milch-Mägde, die sich zuvor mit Kuhpocken infiziert hatten, gegen die menschlichen Pocken immun waren. Seine Theorie der Immunität bewies er, indem er den Sohn seines Gärtners nach einer Pockenimpfung infizierte, der Junge aber gesund blieb. Trotzdem glaubten die Menschen zu der Zeit, sie würden sich nach der Impfung in Kühe verwandeln oder Ähnliches. Es galt als Sodomie, sich einen Stoff injizieren zu lassen, der zuvor von einem Tier stammte.

Im von Krieg gebeutelten Deutschland erließ Reichskanzler Otto von Bismarck 1874 die Reichsimpfpflicht. Zwei große Pocken-Ausbrüche auf den Schlachtfeldern forderten 180.000 Tote und trotzdem begegneten die Bürger dieser Impfpflicht mit Skepsis.

Die Angst vor dem Unbekannten befeuert diese Skepsis vor der Impfung bis heute. Es gibt „die da oben“, die große Pläne haben und von denen der Normalbürger nichts wissen soll. Verschwörungstheorien, die behaupten, Microsoft-Gründer Bill Gates wäre in diese Pläne involviert und hätte für die Pandemie bezahlt, um dann als Held dazustehen, der die Forschung nach einem Impfstoff finanziert. Alles, was unbekannt ist, wird mit einem geheimen Zusammenschluss der Reichen und Mächtigen erklärt. Das Vertrauen in die Medizin beziehungsweise in die Arzneimittelindustrie hat seit dem Contergan-Skandal der 60er-Jahre stark abgenommen. Aufgrund der danach erlassenen Arzneimittelgesetze ist die Industrie seit 1976 verpflichtet, neu entwickelte Medikamente ausgiebig zu testen, damit sich so etwas nicht wiederholt.

Auch in den USA sitzt die Skepsis gegenüber Impfstoffen tief: Im Jahr 1998 behauptete Andrew Wakefield, ein ehemaliger Kinderarzt, eine Verbindung zwischen den Impfungen und der Autismus-Spektrum-Störung entdeckt zu haben. Obwohl diese Behauptung als falsch entlarvt und Wakefield mittlerweile nachgewiesen wurde, dass er nur Zahlen genommen hat, die seine Behauptung angeblich bestätigen, ist dieser Glaube zwischen einem direkten Zusammenhang von Impfungen und einer Autismus-Spektrum-Störung immer noch einer der Hauptantriebe der Anti-Vaxxer. Die Weltgesundheitsorganisation (WHO) bietet entsprechend fundierte Gegenbeweise für diese angeblichen Fakten an. Die Cochrane Library als Onlinedatenbank für wissenschaftliche Forschung im Gesundheitswesen betont: Basierend auf 138 Studien und mit 23 Millionen Kindern im Test, besteht nach einer Impfung, beispielsweise gegen Masern, Mumps oder Röteln kein erhöhtes Risiko für Autismus oder Enzephalitis.

Wakefields Zulassung wurde ihm 2010 durch den britischen General Medical Council entzogen. Das britische Äquivalent zur Ärztekammer teilte mit, dass Wakefield seine Position als Arzt missbrauchte, um falsche Tatsachen zu verbreiten. Bis heute finden sich in den Staaten jedoch bis zu 31 Millionen Anti-Vaxxer in etwa Facebook-Gruppen. Facebook wird regelmäßig für die Plattform kritisiert, die Anti-Vaxxern geboten wird. Aber warum Facebook trotzdem damit weitermacht, zeigen die Einnahmen, die soziale Medien durch Werbung generieren: Das Journal *The Lancet Digital Health* schätzt die Einnahmen der sozialen Medien für das Schalten von impfkritischer Werbung auf eine Milliarde Dollar jährlich.

13. Die letzte Hoffnung: „Wunderheiler"

Bevor näher auf das Thema eingegangen wird, sollte eines klargestellt werden: Jeder darf an das glauben, was ihm Frieden und Halt im Leben verschafft. Auch an Wunder zu glauben, ist im Leben nicht verkehrt. Dieses Kapitel dient dazu, eine deutliche Grenze zwischen klassischer Medizin und angeblicher „Wunderheilung" zu ziehen. Menschen, die keine medizinische Kenntnis besitzen, aber ihre „Patienten"/„Klienten" dazu bringen, ihre lebenswichtigen Medikamente abzusetzen, sind nicht zu einem solchen Rat berechtigt.

Es gibt jedoch auch Menschen, die aus reiner Profitgier und Machthunger handeln. Diese Menschen nutzen die Verzweiflung der Kranken oder ihrer Angehörigen aus, um ihnen gegen Geld weiszumachen, dass sie von ihrer tödlichen Krankheit geheilt werden können. Einer dieser Menschen ist der 77-jährige João Teixeira de Faria. Der sich selbst als „Geistheiler" Bezeichnende stellte sich 2018 in Brasilien der Polizei. Bis zu 330 Frauen soll er missbraucht und vergewaltigt haben unter dem Vorwand, dass diese Grenzüberschreitung und -verletzung die langersehnte Heilung für den kranken Angehörigen bringen wird. Religionsexperte Georg Schmid von der *evangelischen Informationsstelle Kirchen-Sekten-Religionen* in Zürich meint: „Es ist gar nicht so selten, dass Heiler ihr Sperma für heilsam halten." Auch seine eigene Tochter befand sich unter seinen Opfern. Im Verlauf von 40 Jahren wurde de Faria zu einem bekannten, spirituellen Medium und schaffte es sogar zu einem Treffen mit Talkmasterin Oprah Winfrey im Jahr 2012. Auch der Dalai Lama soll ihn als Medium anerkannt haben. In der brasilianischen Gemeinde Abadiânia baute er sich gewissermaßen eine Pilgerstätte auf, die von gläubigen Freiwilligen betrieben wurde und wo er Menschen angeblich heilte, während Geister von Medizinern und Ärzten von seinem Körper Besitz ergriffen.

Aber wie konnte de Faria es so weit bringen? Was war es, das so viele Menschen an ihn glauben ließ?

Ähnlich wie bei Sektenführern traf de Faria auf Menschen, die ihre Hoffnung in die klassische Medizin aufgegeben haben und an einem emotionalen Tiefpunkt angekommen sind. Sie suchten also jemanden, der sie von ihrem Leid erlösen konnte. Die Inszenierung de Farias als „Wunderheiler" begann dann bereits auf der Taxifahrt nach Abadiânia, wo der Fahrer schon von seinen wundersamen Fähigkeiten erzählte. Die Tatsache, dass durch de Farias Anwesenheit in der Gemeinde sehr viel Geld generiert werden konnte, festigte seine Position nur noch. So gesehen hatte de Faria in der ganzen Gemeinde bezahlte Augen und Ohren. Wenn Angehörige bei der Ankunft in einem Hotel also über die schwere Krankheit sprachen, die sie zu de Faria gebracht hatte, so erfuhr auch er davon und konnte bei dem kommenden Besuch die Motivation dahinter „hellsichtig" erkennen. Selbst die Souvenirs und angeblichen Heilsteine, die die Besucher in Abadiânia kauften, sollten sie bei ihrer Genesung unterstützen. Auch „spirituelle" Operationen (ohne Narkose oder hygienische Maßnahmen wie Handdesinfektion) führte de Faria durch und zog mit einer zehn Zentimeter langen Zange beispielsweise einen „Tumor" aus der Nase einer Brustkrebspatientin. Hier findet sich – wie bei Sektenführern – die Isolation der Besucher an einem angeblich heiligen oder spirituellen Ort, also in diesem Fall Casa de Dom Inácio de Loyola, als ein Faktor der Manipulation wieder.

In diesem Umfeld wurden mehrere Frauen seine Opfer. Er erkannte in ihnen angeblich eine „starke spirituelle Energie" und nahm sie mit in ein Hinterzimmer, wo er sie dann vergewaltigte. Unter anderem zwang er sie zum Oralsex. Diese „starke spirituelle Energie" erkannte de Faria nur in jungen Frauen. Als de Faria 2016 selbst an Krebs erkrankte, wählte er den traditionellen Weg aus Operation und anschließender Chemotherapie. Seine Entscheidung erklärte der selbst ernannte „Geistheiler“ mit den Worten: „Schneidet ein Friseur sich selbst die Haare?“

João Teixeira de Faria wurde aufgrund seiner Straftaten zu insgesamt 63 Jahren Haft verurteilt. Diese Strafe wurde aufgrund seines Alters und des Beginns der Coronapandemie in Hausarrest umgewandelt.

Solch eine Form der Manipulation ist vielschichtig. Es spielten sowohl emotionale Faktoren – wie die Verzweiflung und Angst der Reisenden angesichts ihrer kranken Angehörigen – als auch wirtschaftliche Faktoren, wie etwa die Isolation durch eine angebliche Pilgerstätte und angebliche Heilsteine oder angebliches Weihwasser, die dann dringend notwendiges Geld für eine ärmliche Gemeinde generierten, eine Rolle. Selbstverständlich wussten nicht alle Dorfbewohner, was de Faria mit seinen Veranstaltungen eigentlich bezweckte. Sie steckten nicht alle unter einer Decke und ließen das Grauen einfach geschehen. Aber all das und der vorangegangene Ruf des selbst ernannten „Geistheilers“ sorgten dafür, dass man eventuelle Warnsignale ignorierte. Seine Opfer trifft keine Schuld.

14. Das schlechte Gewissen

Das Leben fühlt sich manchmal an wie ein Balanceakt. Familie, Freizeit und Beruf unter einen Hut zu bekommen, scheint besonders heutzutage unmöglich. Die gesellschaftliche Struktur ist darauf aufgebaut, dass es mindestens Zweipersonenhaushalte gibt, die eine Person also das Geld verdient und die andere das Essen vorbereitet und sich den ganzen Tag um die Kinder kümmert. Aber dass die Gehälter im Vergleich zu den Arbeitszeiten für diesen nostalgischen Lebensstil nicht mehr ausreichen und man eine ganze Familie nicht mehr nur mit einem einzigen Einkommen ernähren kann, wird selten bedacht. Egal, wie man es dreht und wendet: Wenn man viel arbeitet, sollte man mehr Zeit mit der Familie verbringen und wenn man zu Hause bleibt und sich um die Familie kümmert, dann sollte man vielleicht darüber nachdenken, wieder in die Berufswelt einzusteigen. Wie geht man mit dem Stress um, der sich bei all dem Hin und Her, das sich Leben nennt, im Kopf einnistet?

Die neue Welle von Toxic Positivity sagt: „Gar nicht!", denn angeblich entscheidet man sich für Stress, Sorgen und Selbstzweifel freiwillig, wenn man diesen Emotionen den Raum lässt. Alles hängt von der eigenen Entscheidung ab und vor allem davon, wie man die Welt betrachtet. Aussagen wie „Good Vibes Only" („Nur gute Schwingungen") und „Positivity is a Choice" („Positivität ist eine Entscheidung") verteufeln „negative" Emotionen wie Wut, Trauer und Angst. Sie lassen nicht zu, dass man sich mit diesen notwendigen Gefühlen auseinandersetzt, um Erlebtes auf eine gesunde Art und Weise zu verarbeiten. Denn wenn diese Gefühle wahrgenommen werden, dann hat man angeblich schon verloren. In einer Welt, in der manchmal zu viel auf einmal zu passieren scheint, dürfen – zumindest laut Toxic Positivity –solche Gefühle nicht sein. Um positiv gestimmt auf die Welt und ihre Geschehnisse blicken zu können, erfordert es „nur das richtige Mindset" und schon wirkt alles besser. Man soll dankbar für das sein, was man hat und nicht dem hinterhertrauern, was verloren scheint. Was an sich und im richtigen Kontext auch nicht falsch ist. Um mit seinen Gefühlen auf eine gesunde Art umgehen zu können, muss man traurig sein dürfen, auch mal wütend sein oder sich – im Rahmen – notwendige Gedanken machen. Geldsorgen, Stress im Job oder Hektik in der Familie können vorkommen. Das ist das Leben.

Aber Toxic Positivity würde nicht so heißen, wenn es gesund wäre: Genau in dieser Wahrnehmung von nur positiven Gefühlen und der falschen Vorstellung, dass negative Gefühle verbannt gehören, liegt das Problem. Um einen gesunden Umgang mit solchen Gefühlen zu lernen, muss man sie spüren und den Körper und Geist so durch den notwendigen Heilungsprozess begleiten. Verdrängt man diese Gefühle, so werden sie sich früher oder später auf eine andere Weise an die Oberfläche kämpfen. Um John Green zu zitieren, der in *Das Schicksal ist ein mieser Verräter* schreibt: „Schmerz verlangt, gespürt zu werden." Je früher diese Gefühle also angegangen werden, desto besser ist es zukünftig. Wer das Gegenteil behauptet, der ist kein zuverlässiger Ansprechpartner in diesen Dingen. Auch Sie müssen darauf vertrauen können, dass auf Ihr persönliches Umfeld in Krisensituationen Verlass ist. Werden Ihre Gefühle nur abgetan als „halb so wild!" dann sollten Sie sich, so drastisch das auch klingen mag, neue Freunde suchen. Wenn Sie auf Verständnis und Mitgefühl durch ein „Ich kann mir vorstellen, wie schwer das für dich ist" oder ein „Ich bin hier und höre dir zu" hoffen, dann sollten Sie auch darauf bauen können, dass Sie es erhalten. Und zwar, ohne dass Sie für Ihre Emotionen verurteilt werden.

Die große Schwester von Toxic Positivity heißt „Hustle Culture". In dieser Welt wird harte Arbeit glorifiziert – wer Pause machen will, der wird es im Leben angeblich nicht weit bringen. Wer die Nacht durcharbeitet, statt zu schlafen, wird für sein Engagement gefeiert. Die Hustle Culture ist ein vorgezeichneter Weg ganz nach oben. Pausen, Unterbrechungen oder Abkürzungen dorthin gibt es nicht. Langfristig gesehen ist das nicht nur ungesund, sondern man verliert nach und nach das Gefühl für seinen eigenen Körper und Geist. Alles ist in Planern organisiert und getaktet. Bloß nicht das Ziel aus den Augen verlieren, der Rest kommt später.

Dabei die eigenen körperlichen und mentalen Grenzen zu ignorieren und beispielsweise weiterzumachen, wenn man eigentlich zu müde ist, sorgt dafür, dass man die eigenen Grenzen irgendwann vollkommen vergisst. Oder zumindest dafür, dass die Wahrnehmung dieser Signale nach und nach schwächer wird. Der Körper sendet Ihnen nicht umsonst Signale. Er ist nicht umsonst müde oder hungrig und durstig. Zumindest nicht dafür, dass Sie diese Signale am Ende ignorieren. Aber die Hustle Culture erwartet genau das: Das Ziel vor Augen ist wichtiger als das eigene Wohlbefinden oder die Antwort auf die Frage, ob man in seinem Leben so, wie es gerade verläuft, glücklich ist. Das ist der Grund, warum sich eine Pause zu gönnen und tief durchzuatmen so verpönt scheint, während Yoga und Achtsamkeitstrainings und -coachings gerade so etwas wie Hochkonjunktur feiern. Es ist in etwa so, als müsste man Entspannung neu lernen, um seine „Work-Life-Balance" ins Gleichgewicht zu bringen. Man arbeitet unaufhörlich auf ein Ziel hin, ohne dabei vielleicht darauf zu achten, dass die aktuelle wirtschaftliche Lage das Erreichen dieses Ziels erschweren könnte. Was nicht die eigene Schuld ist, durch die Hustle Culture aber durchaus so verpackt wird. Schließlich hat man ja nicht hart genug gearbeitet.

Das Zusammenspiel aus Toxic Positivity und Hustle Culture könnte man als eine explosive Mischung bezeichnen. Ehe Sie sich versehen, haben Sie ein schlechtes Gewissen, weil Sie Tee trinken und ein Buch lesen, statt Tee trinkend die nächste E-Mail zu tippen. Sie tun Dinge immer häufiger gleichzeitig, um Zeit einzusparen und dabei so effizient wie möglich zu arbeiten. Sie müssen Ihr Handy ausschalten oder ganz weit weg von sich irgendwo in der dunkelsten Ecke bunkern, damit Sie sich entspannen.

Erkennen Sie sich wieder?

Falls ja, ist es höchste Zeit, feste Rituale in Ihren Alltag einzubauen. Feste Zeiten, an denen Sie sich nur für sich und Ihre Entspannung die nötige Zeit nehmen. Selbst, wenn das zuerst nur eine halbe Stunde sein sollte, wo Sie Bilder ausmalen oder mit Sticken als neues Hobby anfangen. Diese halbe Stunde dient dann nur Ihrer Entspannung. Wenn es sein muss, dann sagen Sie auch klar und deutlich, dass Sie jetzt Pause machen und sich danach um die Angelegenheit kümmern werden. Das ist auch eine hervorragende Übung, um seine Grenzen neu zu ertasten oder sogar neu zu definieren. Probieren Sie aus, was zu Ihnen passt und wann Sie sich am wohlsten fühlen. Es wird auch eine Weile dauern, ehe sich eine gewisse Routine eingestellt hat, aber Sie müssen Geduld haben. Die ist immer von Vorteil, wenn man etwas Neues lernt. Haben Sie Geduld mit sich selbst und gehen Sie bei kleinen Fehlern oder eventuellen Rückschritten nicht zu hart mit sich ins Gericht. Sie lernen, und das ist vollkommen in Ordnung. Die Lernkurve ist nicht umsonst eine Kurve: Sie hat genug Höhen und Tiefen, aber am Ende hat man trotzdem etwas gelernt. Sollten Sie dafür komische Blicke ernten, dass Sie Zeit für sich beanspruchen, rutschen Sie nicht gleich in Entschuldigungen ab. Bleiben Sie standhaft und halten Sie geduldig Ihre Grenze aufrecht. Wenn Sie müde sind und eine Pause benötigen, dann ist das so. Auch Wiederholungen einer Frage oder eine andere Formulierung derselben sollten nichts an Ihrer Antwort ändern, wenn diese nicht ehrlich ist. Stellen Sie klar, dass der Fragesteller Ihre Antwort darauf schon kennt. Wenn alle Stricke in einem seltenen Fall trotzdem reißen sollten, dann hilft auch: ignorieren. Gesellschaftlich nicht anerkannt, aber manchmal doch die letzte Sprache, die jemand versteht.

15. „Diet Culture“

Der Begriff „Diet Culture“ bezeichnet die obsessive Idealisierung eines schlanken Körpers. Es ist die Priorisierung des Körpergewichts anstatt der mentalen Gesundheit. In diesem Sinne würden Sie es also vertretbar finden, jemandes Gewichtsverlust positiv zu bemerken und dabei vielleicht außer Acht zu lassen, dass der Grund dafür Krankheit oder tiefe Trauer sein könnte. Sie würden sich mit „Ich habe den ganzen Tag noch nichts gegessen!“ dafür entschuldigen, dass Sie eine größere Portion zu sich nehmen und Ihr Selbstwertgefühl nach Ihrer Kleidergröße ausrichten. Die Verbindung aus dünn=gut und dick=schlecht prägt die Diet Culture. Ein gesunder Körper wird durch den Body-Mass-Index definiert, der eigentlich veraltet ist und diese ungesunde Annahme unterstützt. Dabei wurde der Body-Mass-Index oder Quetelet-Index nicht dazu entwickelt, die Fettleibigkeit oder Gesundheit eines Menschen zu bezeichnen. Als der gleichnamige Statistiker diesen Index im Jahr 1832 entwickelte, ging es ihm um gängige Muster in der Bevölkerung. Dabei sei gesagt, dass er für diese Muster nur Männer untersuchte und der Index somit von vornherein eine fragwürdige Methode darstellt. Bis heute ist dieser Index aber der Grund, warum – vor allem in den frühen 2000ern – Diäten einen Aufschwung erfuhren. Übergewicht ist häufig mit gesundheitlichen Problemen verbunden. Wenn der BMI dieses angebliche Übergewicht dann bestätigt, spielt das der Diet Culture in die Hände. Der BMI sagt nichts über die Gesundheit der Person aus und ist im Grunde genommen eine Stichprobe der weißen, europäischen und männlichen Oberschicht des 19. Jahrhunderts. Er setzt Größe und Gewicht in Relation zueinander und vermittelt den falschen Eindruck, dass das auf das Essverhalten der Person schließen lässt. Sollte ein Arzt Sie und Ihren Gesundheitszustand also, aufgrund dieses lange nicht mehr zeitgemäßen BMI beurteilen, dann suchen Sie sich schnellstmöglich einen anderen. Der Körper nimmt seine Nährstoffe und seine Energie durch Nahrung auf. Ihm diese zu verweigern, weil Sie in eine Hose passen wollen, ist ungesund. Die Kleidung, die Sie tragen, sollte Ihnen passen und nicht umgekehrt. Ihr Selbstwertgefühl sollte nicht von einer Kleidergröße abhängen. Vor allem dann nicht, wenn heutzutage dieselbe Kleidergröße in jedem Geschäft anders aussieht. Um sich gegen die Diet Culture zu wehren, müssen Sie Ihre Selbstwahrnehmung schulen. Sie müssen Ihren Körper akzeptieren, so wie er ist und so eine Harmonie aufbauen, von der Sie profitieren können. Wenn der Sommer naht, und in Ihrem Umfeld wieder das Thema Bikini-Figur aufkommt, betonen Sie zum Beispiel, dass Sie einen Bikini und eine Figur haben und so die erwünschten Kriterien für eine Bikini-Figur vorweisen können. Werden Sie sich bewusst, dass jede Figur auf ihre Art und Weise einzigartig ist und es keine perfekte Schablone gibt, in die jeder Körper hineinpassen muss. Erinnern Sie sich daran, dass es nicht an Ihnen ist, in eine bestimmte Größe hineinzupassen, sondern an der Marke oder Firma, die Sie tragen. Sollten Sie Kleidungsstücke aus Zeiten zurückbehalten haben, in denen Sie noch eine andere Größe trugen, gehen Sie diese noch einmal durch. Schauen Sie sich diese noch einmal genau an und setzen Sie sich damit auseinander. Warum haben Sie sie zurückbehalten? Hat sie einen sentimentalen Wert für Sie oder hoffen Sie, eines Tages wieder in diese Kleidung hineinzupassen? Wenn Letzteres die Antwort ist, verkaufen oder spenden Sie dieses Kleidungsstück und finden Sie einen neuen Liebling, in dem Sie sich wohler fühlen. Auch für Männer gilt: Sie müssen nicht 1,80 Meter groß und muskelbepackt sein. Lesen Sie sich dafür nur durch, unter welcher Tortur beispielsweise Hugh Jackman seine Figur für Wolverine erzielen musste. Der ideale Körper ist der, in dem Sie sich gesund und wohl fühlen. Wenn Sie Hunger haben, dann verkaufen Sie das nicht als einfachen Appetit auf etwas, das Sie dann aus angeblicher Langweile essen. Wenn Sie öfter mal „vergessen" zu essen – vielleicht, weil Sie gerade zu viel um die Ohren haben – dann sollten Sie auch das evaluieren. Wie und wann Sie essen, hängt mit Ihrem mentalen Gesundheitszustand eng zusammen. Der ungesunde Umgang mit dem Thema Essen als etwas „Schlechtes" ist etwas, das die Diet Culture hinterlassen hat. Versuchen Sie also, sich mit Ihrer Selbstwahrnehmung und Ihrer Beziehung zu Essen auseinanderzusetzen. Sie werden das in Ihrem Alltag öfter üben können.

16. Musik

Sie haben doch bestimmt ein Lieblingslied? Wenn Sie an dieses Lied denken, woran erinnern Sie sich? In welcher Phase Ihres Lebens haben Sie dieses Lied oft gehört und warum hören Sie es jetzt nicht mehr, wenn dem so ist?

Wenn Sie an dieses Lied denken, dann verstehen Sie, welche Wirkung Musik hat. Auch klassische Stücke sind zeitlos und verlieren nie ihre Faszination.

Musik dient dazu, bestimmte Gefühle in uns wachzurufen: Kaufhausmusik ist nicht zu aufdringlich und kann schön im Hintergrund spielen, während Nationalhymnen dafür sorgen, dass man Einheit und Zugehörigkeit, vielleicht sogar Patriotismus verspürt. Ohne Filmmusik hätten Sie wahrscheinlich keine wirkliche Gänsehaut bei Ihren Lieblingsfilmen: Der Imperial March von *Star*

Wars lässt einen aufrechter gehen, während man sich bei *Schindlers Liste* und Itzhak Perlmans Violinen-Solo am liebsten verkriechen und heulen würde. Ein anderes Beispiel: Woher wissen Sie in Horrorfilmen und Krimis, dass gleich etwas passieren wird?

Weil kurz davor die richtige Musik eingesetzt wird. In Videospielen ist die Musik dazu da, die Atmosphäre zu untermalen, die den Spieler praktisch einnehmen soll. Da ein Spiel mit jedem Quest die Geschichte vorantreibt, muss die Musik also entsprechend dazu passen. Der Spieler konzentriert sich auf den Inhalt und die Geschehnisse, vielleicht sogar Dialoge unter den Charakteren. Auch diese Musik ist nicht zu aufdringlich und kann sich gut im Hintergrund halten. Wäre das nicht der Fall, wäre das Erlebnis, das mit dem Videospiel verknüpft werden soll, nur von kurzer Dauer und könnte so die erwünschte Wirkung nicht entfalten.

Außerdem fördert Musik die soziale Kompetenz: Die Langzeitstudie – oder Bastian-Studie – hat gezeigt, dass gemeinsamer Musikunterricht Koordination erfordert. Wer gemeinsam singen und dafür sorgen will, dass das Ergebnis auch gut klingt, muss sich aufeinander abstimmen können. Außerdem wird das Gedächtnis verbessert, weil alle Verknüpfungen, die im Gehirn durch das Musizieren entstehen, auch erhalten bleiben. Dass Musik also positive Auswirkungen auf das Gehirn hat, ist belegt. Somit klingt sie nicht nur schön und hilft dabei, Emotionen zu verarbeiten, sondern ist von wissenschaftlicher Bedeutung. Musiktherapie lindert unter anderem nämlich nachweislich Schmerzen. Dass man mit Musik einen Zugang zu Alzheimer-Patienten finden kann, die nicht mehr sprechen können, zeigt sich in musikalischen Angeboten, die speziell auf Alzheimer-Patienten ausgelegt sind. Die Uni Zürich fand heraus, dass Musiker-Gehirne sich von Nicht-Musiker-Gehirnen unterscheiden, weil der Abbau von Hirnsubstanz gebremst wird. Hätten Sie gedacht, dass Ihnen ihr Lieblingslied so helfen kann?

17. Farben

Was ist Ihre Lieblingsfarbe? Und haben Sie je darüber nachgedacht, warum diese bestimmte Farbe diesen Titel tragen darf?

Auch bei Farben macht die Manipulation nicht halt: Die richtige Farbe ist häufig der entscheidende Faktor, ob Sie etwas kaufen oder nicht. Die Dinge, die Sie mit einer bestimmten Farbe assoziieren, sind einer der Gründe für die Entscheidung dahinter. Das Blaulicht von Polizei-, Krankenwagen und Feuerwehrautos alarmiert nicht nur. Sie assoziieren mit der Farbe Blau unter anderem Stabilität, Vertrauen, Ruhe und Gelassenheit. Abgesehen davon fällt die Farbe im Straßenverkehr besonders auf. Immerhin sind mit den Ampeln schon Rot-Gelb-Grün vertreten.

Die Farbe Blau ist besonders beliebt bei Banken (Volksbank, TargoBank, VR) oder Versicherungen (Allianz, AXA, R+V), weil Sie diese Werte mit diesen Institutionen verknüpfen sollen. Immerhin geht es in beiden Fällen um gutes Geld.

Dass die Farbe Grün für die Natur steht, ist keine Überraschung. Bei Landschaftsbau und Bio-Marken, aber auch in der Medizin finden sich Marken, die auf die Farbe setzen. Diese Branche setzt allerdings auf die wohltuende Linderung und die Balance, die mit der Farbe verknüpft wird. Scheinbar ist die Farbe dafür bekannt, die Herzfrequenz und den Blutdruck bei Betrachtern zu senken. Auch was Wohlstand und Gesundheit angeht, ist die Farbe ein

Glücksgriff (AOK, Barmer, WWK, HDI). Wenn Sie je vorhaben, ein Restaurant zu eröffnen, dann sollten Sie in der Werbung und auf Flyern auf jeden Fall die Farbe Rot dabeihaben. Die positiven Assoziationen sind bekanntlich Liebe und Leidenschaft, Wärme, Energie und Selbstvertrauen. Die letzten beiden Punkte sind bestimmt der Grund, warum Lightning McQueen ein roter Flitzer ist.

Die Farbe Pink ist unter anderem sanft, zart, weich und süß. In einem Gefängnis im kalifornischen San Bernadino sollen die Wände einiger Zellen sogar diese Farbe haben, um gewaltbereite Insassen zu beruhigen.

Die Farbe Weiß symbolisiert Reinheit und Sauberkeit, Frieden und Ehre. Das sind die positiven Verknüpfungen. Weiß ist natürlich sehr oft in Krankenhäusern zu finden und hat etwas Steriles an sich. Aber es ist eine simple und helle Farbe, mit der man nichts falsch machen kann, wenn man auf Einfachheit setzt. Schwarz ist die Farbe für zeitlose Eleganz: Es ist Luxus, Kraft, und sorgt mit seiner Dunkelheit für etwas Mysteriöses.

Dann wäre da noch Braun, das mit seiner Wärme an etwas Erdiges erinnert. Es ist maskulin, signalisiert Verlässlichkeit durch Tradition, und Tradition ist bekanntlich Stabilität. Familienunternehmen bauen auf langjährige Tradition und schaffen so Vertrauen. Oder was verspüren Sie, wenn Sie hören: „Dafür stehe ich mit meinem Namen“?

Wenn Sie an die Farbe Gelb denken, was spüren Sie? Heiterkeit, Wärme? Ist es Freude, etwas Kindliches und Verspieltes vielleicht? Falls ja, so hat die Marketingabteilung dieser Firma genau darauf abgezielt. Denken Sie mal an Winnie Pooh. Das Gefühl, das Sie dabei spüren, ist das Ziel.

Farben können auch als Indikator gesehen werden: Sie würden zum Beispiel kein Brot essen, das blaue Flecken hat, oder? Bananen mit braunen Reife-Flecken sind normal, aber da es im Supermarkt nur noch die halb reifen und gelbgrünen Bananen gibt, greifen Kunden eher zu denen und glauben mittlerweile, dass diese Farbe der eigentliche Normalzustand ist.

Es ist eine Sache der Gewöhnung, genauso wie vieles im Leben. In anderen Kulturen und Ländern könnten die genannten Farben eine ganz andere Bedeutung haben. Interessant, nicht wahr?

18. Geruch

Wie Farben ist auch der Geruch in erster Linie ein Indikator. Er verrät uns, was für uns essbar ist und was nicht. Was wir mögen und was wir lieber meiden würden. Wenn Sie Hunger haben, riecht alles auf einmal viel besser als vorher. Wenn Sie nach dem Essen voll sind, können Speisen noch so gut riechen und Ihnen würde wahrscheinlich trotzdem eher übel werden, weil Sie sich gerade den Bauch vollgeschlagen haben.

Gerüche sind in der Erinnerung abgespeichert. Es ist also egal, wie lange etwas zurückliegt und wo Sie sich gerade befinden: Wenn Sie etwas riechen, das Sie in Ihrer Kindheit mochten, wird Sie der Duft für einen kurzen Moment dorthin zurückversetzen. Was ist es? Omas Grießpudding? Die Geburtstagstorte mit Mama backen? Oder vielleicht die Rosen in Opas Garten? Vielleicht aber auch der Matsch, mit dem Sie im Kindergarten gespielt haben? Sie sehen: Die Möglichkeiten sind endlos – und selbst wenn diese Erinnerungen nicht ganz zutreffen, können Sie sich zumindest vorstellen, wie diese Beispiele riechen würden.

Diese evolutionär sehr vorteilhafte Fähigkeit der guten Nase weiß auch das Marketing zu seinen Gunsten einzusetzen. Wenn es in einem Geschäft gut riecht, dann ist die Wahrscheinlichkeit höher, dass Sie länger bleiben und dann doch etwas kaufen. Vielleicht sogar aus schlechtem Gewissen? Immerhin können Sie angeblich nicht so lange in einem Geschäft bleiben und dann nichts kaufen?

Geruchsforscher Hans Hatt meint, dass das Geruchserlebnis stark individuell ist, weil jeder Mensch mit einem bestimmten Geruch etwas anderes verknüpft. Wenn diese Erinnerung positiv ist, mag man den Geruch. Ist das nicht der Fall, so ist man dem Geruch abgeneigt. Eine Vorliebe kann sich genauso schnell ändern, wenn eine positive Erinnerung durch eine negative ersetzt wird. Dadurch, dass das Gehirn all diese Vorlieben und Abneigungen durch Vorarbeit – etwa in der Kindheit – mit Emotionen verknüpft hat, kann es viele verschiedene Gründe geben, warum der eine etwas eher riechen mag als der andere. Lavendel ist beispielsweise als schlafförderndes Mittel bekannt und auch der Geruch soll beruhigend wirken. Baldrian wirkt ebenso beruhigend, der süßliche Duft könnte aber für einige beinahe stechend und unangenehm sein.

Die menschliche Nase besitzt etwa 30 Mio. Riechzellen, von denen jede etwa 20 Duftmoleküle wahrnehmen kann, und 350 Geruchsrezeptoren. Rein theoretisch könnte der Mensch also bis zu einer Billion Düfte erkennen. Das ist eine Quelle, die uns nicht nur sicher durch das Leben bringt, sondern die auch entsprechend für das Konsumverhalten angewendet werden kann. Supermärkte mit eigenen Bäckereien backen ihre Brötchen beispielsweise zu bestimmten Zeiten. Einmal morgens, einmal wenn es Zeit für das Mittagessen oder die Mittagspause ist und einmal etwas später am

Nachmittag. Also werden genau die Zeiten angepeilt, zu denen man Hunger hat. Dann riecht es in der Filiale nämlich besonders angenehm, wenn man durch den Supermarkt spaziert. Wer würde sich da nicht ein leckeres Brötchen gönnen?

19. Greenwashing

Der Klimawandel ist ein omnipräsentes Thema: Arten sterben, die Polkappen schmelzen, Wälder sieht man im Fernsehen nur noch brennend, während in anderen Teilen der Welt Hochwasser das Thema sind. Dabei liegt „dieser Teil der Welt" auch in Deutschland. Im Jahr 2021 verursachte das „Jahrhunderthochwasser" im Ahrtal Schäden in Milliardenhöhe. Es kostete fast 200 Menschen das Leben und verletzte viermal so viele schwer. Bis heute kämpfen die Bewohner darum, wieder auf die Beine zu kommen.

Der Klimawandel wird laut Dr. Friederike Otto vom Environmental Change Institute der Universität Oxford verstärkt zu solchen Extremunwettern beitragen. Genau genommen brauchen Menschen derzeit die Ressourcen von 1,7 Erden. Mit dem sogenannten „Overshoot Day" wird der Tag, an dem die Erde mit ihren Ressourcen nicht mehr mit dem Verbrauch ihrer Bewohner für das Jahr hinterherkommt, berechnet. Im Jahr 2022 fiel das Datum auf den 28. Juli. Das Jahr davor, also 2021, war es der 30. Juli. Zum Vergleich: Die Grafik von overshootday.org beginnt mit dem Jahr 1971, und da wurde der Tag der Ressourcen-Abrechnung auf den 25. Dezember datiert. Seitdem kommt dieser Tag immer früher, weil die Ressourcen immer schneller zur Neige gehen.

Deshalb ist es umso wichtiger, schonender mit den Ressourcen und nachhaltiger mit der Umwelt umzugehen. Große Firmen setzen da auf das richtige Marketing, weil tatsächlich ressourcenschonender zu produzieren viel zu teuer ist. Plötzlich lesen Sie dann etwas von „biologisch abbaubarem" Plastik und sehen „emissionsarme" Autos in der Werbung. Dabei löst sich ersteres lediglich in kleinere Bestandteile auf und letztere könnten auch einfach nur bedeuten, dass ein manipuliertes Teil beziehungsweise ein Detektor eingebaut wurde, um die Emissionen des Fahrzeuges bei Tests als entsprechend gering anzuzeigen. Dadurch kann das Fahrzeugmodell dann entsprechend als „grün" beworben werden. Das war 2015 bei VW der Fall, als der Autohersteller in einen Greenwashing-Skandal verwickelt wurde. Der Nahrungsmittel-Gigant Nestlé versprach, seine Verpackungen bis 2025 recycelbar zu machen. Dabei nannte der Konzern keine konkreten Maßnahmen und wurde prompt von Greenpeace demaskiert. Nestlé erhielt 2020 neben Coca-Cola den traurigen Titel des am meisten zur Umweltverschmutzung beitragenden Konzerns.

Den Verbrauchern vorzugaukeln, man sei ressourcenschonend unterwegs, ist ein Paradebeispiel an Greenwashing. Dabei sind 91 % des Plastikmülls auf der Welt nicht recycelt, und da Plastik nur für eine einmalige Verwendung gedacht ist, ist es schwer, das glaubwürdig als „grün" zu verpacken. Der Wunsch, sein Leben nachhaltig zu gestalten, ist mit dem Klimawandel als Hauptthema der heutigen Zeit aber stark, das Gewissen der Verbraucher wird also mit dem richtigen Marketing gestillt. Laut McKinsey & Company sind 66 % dazu bereit, mehr Geld auszugeben, wenn die Marke ein ökologisches Image hat. Wenn Mikroplastik im menschlichen Körper festgestellt wurde, wird natürlich alles versucht, um der globalen Erwärmung irgendwie entgegenzuwirken. Sei es durch das Einsparen von Plastik durch wiederverwendbare To-go-Becher oder Stoffbeutel. Dass die Privatperson allerdings wenig dazu beitragen kann, wenn große Unternehmen wie eben zum Beispiel Nestlé, BP und Coca-Cola nicht bereit sind, wenigstens ressourcenschonend zu arbeiten, wird dabei außer Acht gelassen. Auch wiederverwendbare Strohhalme wurden als eine grüne Alternative diskutiert, wobei selbst Menschen mit Behinderung, die ohne einen flexiblen Strohhalm (wie eben den aus Plastik) nicht trinken können, da für die Benutzung eines solchen in der Kritik standen. Natürlich will man seinen ökologischen Fußabdruck reduzieren, an die Zukunft denken und mit Ideen und Maßnahmen für eine solche grünere Zukunft sorgen. Nur wie umsetzen? Und vor allem: Wie so umsetzen, dass es für alle Menschen – egal ob arm oder reich, mit Behinderung oder nicht – gleichermaßen fair ist? Wie bereits zuvor erwähnt, ist es einfacher, vieles mit einer Distanz zu beurteilen. Aber Greenwashing ist nicht die Antwort auf diese Fragen. Es ist ein fragwürdiges Spiel auf Zeit. Zeit, die der Planet nicht hat. Aber wie erkennt man denn Greenwashing? Achten Sie auf folgende Merkmale, um nachzuvollziehen, ob es sich tatsächlich um ein grünes Produkt handelt oder ob dieses nur einen grünen Anstrich bekommen hat:

1. Überbetonung des Positiven. Das Produkt hat nur gute Seiten, enthält die besten Wirkstoffe und ist natürlich nur fair. Etwas zur Produktionskette, zum Ursprung oder Ähnliches steht nicht dabei. Die angegebene Information ist nicht wirklich hilfreich.

2. Label-Dschungel. Klar, ein Label, das das Produkt in irgendeiner Weise zertifiziert, erleichtert das Gewissen beim Kauf. Wenn ein Label aber nur um des Labels willen auf der Verpackung klebt, sieht das anders aus. Sollte Ihnen das Label auf der Verpackung also nicht bekannt vorkommen, dann ist höchstwahrscheinlich nicht alles grün, was glänzt.

3. Vergleich. Wenn Vergleiche gezogen werden, können diese auch nachgewiesen werden und stehen nicht nur so im Raum, um für das Produkt zu werben.

4. Augen auf. Achten Sie beim Kauf von nachhaltigen Produkten auf die angebotene Transparenz. Wie viel an wichtigen Informationen können Sie mitnehmen?

20. Kleider machen Leute: Autoritätspersonen

Man nennt sie die Götter in Weiß: Ärzte. Sie genießen das Vertrauen ihrer Patienten, weil diese wissen, dass sie gut aufgehoben sind. Der Beruf des Arztes ist angesehen, denn man studiert teilweise Jahre, bis man tatsächlich praktizieren kann. Wenn Sie einen Arzt sehen, dann vertrauen Sie ihm automatisch, oder?

Aber warum ist das eigentlich so?

Uniformen sind zum einen dazu da, bestimmte Menschengruppen von den „normalen Bürgern“ abzuheben. Sie zeigen Ihnen praktisch: „Oh, zu dieser Person kann ich hin, wenn ich Hilfe benötige. Die weiß, was zu tun ist.“ Oder würden Sie auf Anhieb erkennen, wer zum Krankenhaus-Personal gehört, wenn Sie in die Notaufnahme kommen?

Außerdem signalisiert eine Uniform Zugehörigkeit. Uniformierte Personen sind Teil einer Gruppe und der soziale Status der einzelnen Person steht hinten an. Wenn Sie in der Schule eine Debatte über Schuluniformen hatten, dann wissen Sie, wie diese Argumentation verläuft.

Im Fall einer Polizeiuniform ist diese ein Zeichen für Autorität, die aber vor allem in den USA ausgenutzt wird. Die Wahrscheinlichkeit, dass besonders Menschen mit dunkler Hautfarbe jetzt eher Angst davor haben, von einem Polizisten bei einer einfachen Straßenkontrolle angehalten zu werden, ist jetzt größer.

In Deutschland hält sich ihr Image als „Freund und Helfer" vergleichsweise gut. Sie können sich hier ungefähr vorstellen, dass die Polizei eher darauf trainiert ist, eine Situation zu deeskalieren, anstatt direkt mit Schusswaffen einzugreifen. Sie fühlen sich sicherer, weil Sie wissen: Diese uniformierten Beamten sorgen dafür, dass alles wieder in Ordnung ist. Denn genau dafür sorgen Uniformen in der Gesellschaft: Ordnung, Struktur, Sicherheit und Autorität. Was aber nicht bedeutet, dass genau diese allgemein positiven Assoziationen der Bürger nicht auch für Straftaten ausgenutzt werden können. Darauf bauen einige Täter nämlich. Einige verstecken sich hinter der Uniform, wie Sie in *9. Das richtige Image: Black Lives Matter* gelesen haben, und andere ziehen die Uniform des Polizisten, des Arztes oder einer anderen Autoritätsperson nur an, um sich ohne großes Aufsehen bewegen zu können. Das kommt nicht häufig vor, Sie brauchen sich also keine Sorgen zu machen. Es dient nur als ein weiteres Beispiel für das Autopilot-Vertrauen, das uniformierte Autoritätspersonen genießen, weil Sie sich den Weg zu dieser Uniform auf harte und ehrliche Weise erarbeitet haben.

21. „Queerbaiting"

Der Begriff „Queerbaiting" bezeichnet eine Marketing-Technik in der Medienbranche, die Charaktere in Filmen oder Serien im Subtext als zum Beispiel homo- oder bisexuell darstellt, dieser Subtext aber niemals als Haupttext geplant wird. Somit werden die

Hoffnungen der LGBTQ+ Community auf Darstellung und Repräsentation in den modernen Medien mit diesem Subtext nicht erfüllt, sondern so lange „gestreckt", bis die Serie oder der Film endet. Danach wird klar und deutlich, dass es nie die Absicht der Macher war, diese Charaktere tatsächlich als etwas anderes als heteronormativ darzustellen. Eines der prominentesten Beispiele in der Queerbaiting-Diskussion ist die Serie *Supernatural* und die Art und Weise, wie die Charaktere Dean Winchester und der Engel Castiel geschrieben sind. Die Serie, die 2020 mit der 15. Staffel schloss, hatte also mehr als genug Raum und Zeit, einen Weg zu finden, „Destiel" Realität werden zu lassen. Oder die beiden Charaktere zumindest so zu schreiben, dass eine andere Richtung deutlich wird. Als Castiel sich dann in Folge 18 der finalen Staffel für Dean opfert und dabei stirbt, sind seine letzten Worte an ihn: „Ich liebe Dich." Wer die Serie bis dorthin verfolgt hat, weiß, dass Castiel im Verlauf der Serie die Abmachung getroffen hat, zu sterben, wenn er wirklich glücklich ist.

Ein weiteres Beispiel von Queerbaiting wäre die Serie *Sherlock* der BBC. Auch hier waren die Fans außer sich, denn: Die beiden Charaktere Sherlock und Watson werden immer wieder darauf angesprochen, ob sie ein Paar sind. Das wird, meist von Watson, vehement dementiert und dieser Vorfall schließlich als etwas Lustiges abgetan, was „schon wieder" passiert ist. Es ist ein Running Gag in der Serie. Queerbaiting soll dafür sorgen, dass ein breiteres Publikum angesprochen wird und so die Zuschauerzahlen steigen. Was dabei außer Acht gelassen wird, ist das Gefühl, das man als heterosexuelle Person wahrscheinlich nie wird verspüren müssen: Die eigene sexuelle Orientierung als etwas abgetan zu sehen, das wiederholt abgestritten oder als Running Gag präsentiert wird. Oder als etwas, das hätte sein können, aber nur in den Köpfen der Fans wirklich existieren darf. Es ist die unterschwellige Aussage: „Natürlich sind wir nicht schwul, was dachtest du denn die ganze Zeit??“, die am Ende doch für das Gefühl sorgt, grundlos gehofft, gebangt, mitgefühlt und gewünscht zu haben. Auch *Stranger Things* ist mit dem Charakter Will Byers ein Beispiel für Queerbaiting geworden, denn die Macher der Serie schulden heute noch eine Auflösung für Will Byers' Charakter und die Art und Weise, wie er als „Queercoded“ geschrieben ist. Seine sexuelle Orientierung oder die Dynamik zwischen ihm und Mike Wheeler, die stark an unerwiderte Gefühle erinnert, wird nicht explizit angesprochen. Dabei scheinen die Duffer-Brüder nicht davor zu scheuen, denn der Charakter Robin Buckley sagt im Verlauf der Serie selbst, dass sie lesbisch ist.

Wie man sich vor Queerbaiting schützen kann, ist nicht wirklich klar, weil die Schreiber oft sehr lange warten, bis sie „auflösen“ und so die Zuschauerzahlen konstant zu halten versuchen. Aber es ist nützlich, ein Auge dafür zu entwickeln und sich über die Wirkung dieser Technik klar zu werden, selbst wenn man selbst nicht Mitglied der LGBTQ+ Community sein sollte.

22. Der Bystander-Effekt

Der Bystander-Effekt, auch Zuschauer-Effekt genannt, bezeichnet das Phänomen der unterlassenen Hilfeleistung. In diesem Sinne ist hier die Wahrscheinlichkeit geringer, dass in einer Notsituation tatsächlich Hilfe aus einer Gruppe von Menschen kommt. Und das, je größer die Gruppe ist. Die Annahme, dass sich jemand anderes finden wird, um die Notsituation aufzulösen und so die Starre zu durchbrechen, in der sich der Großteil der Gruppe zu befinden scheint, ist einer der tragenden Faktoren dieses Phänomens.

Der Mord an Kitty Genovese in Kew Gardens – einem Viertel im New Yorker Stadtteil Queens –prägte den Begriff des Bystander-Effekts. Die 28-jährige Kitty Genovese wurde auf dem Weg nach Hause – und nur 30 Meter von ihrem Apartment entfernt – im Jahr 1964 erstochen. Der Täter, der 2016 nach einem Leben im Gefängnis starb, gab bei seiner Verhaftung kurz nach der Tat an, Kitty nur aus reiner Mordlust getötet zu haben. Das Einzige, was er bereue, sei, dass er gefasst wurde. Sein Name wird nicht genannt, obwohl er inzwischen bekannt ist. Da der Fall um Kitty Genovese der am engsten mit dem Bystander-Effekt verknüpfte ist, soll der Fokus hier auf Kitty bleiben.

Der mediale Aufschrei, der nach Kittys Tod folgte, war den angeblich 38 Zeugen zu schulden. Insgesamt 38 Zeugen, die Kittys Hilfeschreie zwar gehört, aber nichts getan haben wollen. Kitty verstarb noch auf dem Weg ins Krankenhaus aufgrund ihrer Verletzungen.

Dabei stellte sich bald heraus, dass die Rufe eines Nachbarn im Apartmentgebäude, der Täter solle das Mädchen in Ruhe lassen, ihn abschreckten. Er kehrte später trotzdem zurück, um seine Tat zu vollenden. Er ermordete sie und raubte ihr anschließend 49 $.

Der Ausruf des Nachbarn ließ ihn glauben, die Polizei würde gleich auftauchen. Er wartete in Tatortnähe. Aber als die Streife ausblieb, ging er noch einmal zurück.

Wie aus diesem einen Zeugen in der Nachbarschaft plötzlich 38 stumme Zeugen wurden, obwohl sich durchaus Zeugen bei der Polizei gemeldet haben und eine Nachbarin sogar in die Nacht hinausging, um bei Kitty zu bleiben, bis ein Krankenwagen kam, ist bis heute Stoff für Diskussion. A. M. Rosenthal, der von den 38 Zeugen in seiner Titelgeschichte über den Fall sprach, hat jedenfalls dafür gesorgt, dass Kittys Fall unvergessen bleibt. Ihr Fall zählt zu den Gründen, warum es jetzt die 9-1-1 als einfache und einheitliche Notrufnummer in den Staaten gibt. Die Theorie lautete nämlich, dass die vielen verschiedenen Nummern für die jeweiligen Polizeibüros dafür gesorgt haben, dass die Tat an Kitty nicht als die Tat an einer einzigen Person zugeordnet werden konnte. Da viele Anrufe versetzt eingingen, glaubte man, diese Taten wären an verschiedenen Orten und jeweils anderen Personen passiert.

Aber wie genau kommt der Bystander-Effekt jetzt eigentlich zustande?

Zum einen, weil nicht klar genug ist, was es genau bedeutet, im Fall einer Notsituation nicht einzugreifen. Es bedeutet nicht nur Untätigkeit, sondern Gleichgültigkeit. So beschreibt es Rechtsanwältin und Motivationsrednerin Kelly Charles-Collins. Wenn man Teil einer Gruppe ist, findet eine Verantwortungsdiffusion statt. Sie konzentriert sich also nicht mehr nur auf eine Person, die dann zur Tat schreiten würde, sondern verteilt sich auf alle Teile der Gruppe. Daraus resultiert, dass keiner reagiert, da man wartet, bis es jemand anderes tut. Außerdem stellt sich bei der Verantwortungsdiffusion nach John Darley und Bibb Latané per Definition die Frage, in welcher Beziehung die Person in der Notsituation zum Bystander steht. Ob der Bystander der Person helfen kann oder sogar, ob der Bystander findet, dass die Person es wert ist, gerettet zu werden. Weitere Gründe für den Bystander-Effekt können sein:

1. Angst, Opfer von Gewalt zu werden.

2. Die sogenannte „pluralistische Ignoranz“ lässt uns davon ausgehen, dass bestimmt jemand anderes den Notruf schon gewählt hat und Hilfe bereits unterwegs ist.

3. Menschen orientieren sich am Verhalten in ihrer Umgebung. Wenn niemand in der Umgebung etwas tut, neigen wir also dazu, die gleiche Entscheidung zu treffen.

4. Die Unsicherheit, ob man angesichts einer bestimmten Situation überreagiert oder nicht. Denn falls ja, so fürchtet man, verurteilt zu werden.

Laut einer Studie der Universität Lancaster im *American Psychologist* ist es aber die Norm, in Notsituationen zu helfen. In neun von zehn Fällen schritten die Passanten ein.

Bei einem Thema wie dem Bystander-Effekt sollte noch einmal explizit erwähnt werden: Bringen Sie sich selbst nicht in Gefahr und entfernen Sie sich, wenn es Ihnen in einer Gefahrensituation möglich ist. Sobald Sie sicher sind, holen Sie Hilfe und warnen andere vor dem Täter. Zivilcourage klingt nobel, aber es ist – auch für die eigene Sicherheit – weiser, sich selbst nicht direkt in die Schusslinie zu begeben und anderweitig dafür zu sorgen, dass die Situation deeskaliert wird. In etwa von Polizeibeamten, die besser mit solchen Fällen umgehen können. Selbst wenn es Ihnen in einem solchen Moment widerstreben sollte: Entfernen Sie sich aus der Gefahrenzone und bringen Sie sich in Sicherheit, so gut es geht. Alarmieren Sie danach erst die Polizei und holen eventuell Hilfe, indem Sie Leute in Ihrer Umgebung direkt ansprechen. In etwa: „Hey, Sie in der roten Jacke! Kommen Sie hier rüber und helfen Sie mir dabei, [die Person] in eine stabile Seitenlage zu bringen!“ oder Ähnliches. Weisen Sie direkt auf Merkmale hin, die die Leute ausmachen und geben Ihnen dann eine Aufgabe. So durchbrechen Sie die Starre des Bystander-Effekts.

23. Wieso nicht? Rabatte

„Kostenloser Versand ab 50 € Bestellwert", „Drei kaufen, zwei bezahlen" und „Lieferung am nächsten Tag" sind nur einige der bekannten Verkaufstechniken. Wenn der Versand ab einem bestimmten Bestellwert kostenlos ist, dann sammelt sich die Ware eben im Korb, bis der Wert erreicht ist. Egal, dass Sie vorher eigentlich nur ein oder zwei Sachen kaufen wollten. Hauptsache, Sie bezahlen am Ende keinen Versand und Ihr Hirn glaubt, tatsächlich ein Schnäppchen gemacht zu haben. Schließlich mussten Sie keinen Versand zahlen!

Der Eindruck, dass ein Schnäppchen gleich ein Schnäppchen ist, nur weil es so heißt, ist falsch und das Ergebnis guten Marketings: Sogenannte „Mondpreise" geben dem Händler die Möglichkeit, das Produkt zu seinem regulären Preis zu verkaufen. Indem er es zum Beispiel bei 19,99 € ansetzt, diesen Preis im Fall eines „Preisnachlasses" durchstreicht, und rot und unübersehbar den regulären Preis von 9,99 € daruntersetzt. Der Händler hat das Produkt verkauft und der Kunde glaubt, er hätte etwas gespart. So erklärt es Businesstrainerin Rita Katharina Biermeier.

Auch im Supermarkt greifen die Händler zu ihren Tricks. Von der Größe, Tiefe und Form des Einkaufswagens, über die richtige Farbe der noch unreifen Bananen und Eigenprodukte, deren Verpackungen den Markenprodukten ähneln und sich somit in einer legalen Grauzone bewegen – alles soll dafür sorgen, dass Sie am Ende mehr kaufen als geplant. Auch Rabatte, die Sie beispielsweise bei der Nutzung der Shop-eigenen App erhalten, wären (im Fall von Lidl) für die anderen Kunden ohne App nur einige Tage später zu haben. Super Sales von bis zu 70 % kurbeln die Verkaufszahlen noch einmal an, denn „Was weg ist, ist weg“ ist hier das Motto. Wenn Sie Geld ausgeben, reagieren im menschlichen Gehirn witzigerweise dieselben Areale wie im Fall von Schmerz. Haben Sie das Produkt aber zu einem günstigeren Preis erstehen können, reagiert ihr Gehirn mit Freude und Glück. Die meisten Käufer-Typen sind Gewohnheitskäufer und kaufen das, was ihnen bereits vertraut ist. Sie kennen die Qualität und wissen, dass das Produkt ihnen gefällt. Um sogenannte Verlust-aversive Käufer ins Boot zu holen und ihnen die Angst davor zu nehmen, einen (preislichen) Fehler zu begehen, gibt es den Trick der goldenen Mitte: ein Produkt der mittleren Preisklasse, platziert zwischen dem günstigen und teureren Produkt. Die goldene Mitte gibt den Verlust-aversiven Kunden die Sicherheit, die sie brauchen, um ein Produkt zu kaufen. Mit einem Produkt der preislichen Mittelklasse kann man schließlich nichts falsch machen. Und die Frage, ob das Produkt sein Geld wert ist, bleibt am Ende des Tages aus. Der Händler hat somit den perfekten Kunden, denn der „perfekte Kunde“ fühlt sich wohl, und wer sich wohlfühlt, kauft mehr.

24. Falsche Versprechungen: Liebesbetrug

In der heutigen Gesellschaft ist Onlinedating nichts Neues mehr: Plattformen wie Tinder, ElitePartner und Bumble sind inzwischen der zweithäufigste Ort fürs Kennenlernen. Die Vorstellung, dass die Suche nach der großen Liebe mit einem leeren Geldbeutel enden könnte, schieben die meisten da ganz weit weg von sich. Ihnen würde das nicht passieren. Ihnen kann das nicht passieren!

Sollte es dann doch passieren, können die Täter, auch Love-Scammer genannt, auf das Schweigen ihrer Opfer bauen. Sie schämen sich, so viel Geld an einen Betrug verloren zu haben und auf so eine „Masche" hereingefallen zu sein. Die Opfer sind meist alleinstehend und haben, vielleicht aufgrund negativer Erfahrungen mit Beziehungen, ein geringes Selbstwertgefühl. Manchmal sind sie auch älter und wünschen sich einfach jemanden, den sie lieben können. Da kann es passieren, dass viel Zeit vergeht und viel Geld fließt, bis sie den Betrug realisieren. Das ist nicht die Schuld der Opfer, sondern es ist die Einsamkeit, die ausgenutzt wird. Love-Scammer sitzen in Nigeria und Ghana und nutzen die im Internet verfügbaren Bilder von anderen Menschen. Das geht von Fotos von Softporno-Darstellerinnen bis hin zu denen von Köchen auf YouTube oder Models. Es ist ein Netzwerk aus Scammern, die Bilder bearbeiten oder Dokumente liefern oder alles andere besorgen, was den Betrug realistisch wirken lässt. Dieses Geschäft wird damit entschuldigt, dass sich die Scammer nur das zurückholen, was ihnen durch die Kolonialherrschaft der Weißen genommen wurde. Dass ihre Opfer danach schlimmstenfalls mit nichts dastehen, ist egal. Sie füttern ihre Opfer mit Klischees, die sie über Afrika haben und erklären so zum Beispiel die schlechte Internetverbindung, wenn ihr Opfer sie sehen will. Dabei sitzt vor allem Ghana gewissermaßen an der Quelle und verfügt nicht nur über Glasfaserkabel von Google, sondern auch über 22 Mio. mobile Internetnutzer bei 29 Mio. Einwohnern.

Wie kann man Love-Scamming erkennen?

1. Liebesschwüre. Die Love-Scammer machen ihren Opfern Komplimente und beschwören, dass sie sie innig lieben. Es ist nur die räumliche Trennung, die ihnen das Herz bricht und sie davon abhält, mit ihnen zusammen zu sein. Dieses sogenannte „Love-Bombing" ist ein erstes Anzeichen dafür, dass etwas nicht ganz stimmt. Sie wollen auch schnell von der Datingplattform in einen privaten Chat wechseln.

2. Falsche Versprechungen. Durch die in Punkt eins entstandene emotionale Abhängigkeit ist der zweite Schritt, also die Hoffnung auf ein persönliches Treffen, leichter zu füttern.

3. Der Zwischenfall. Das persönliche Treffen wird durch einen Zwischenfall vereitelt: Der Pass wurde geklaut oder es gab einen Unfall. Um aus der angeblichen Misere herauszukommen, braucht der Love-Scammer oder in diesem Fall die Person, als die er sich ausgibt, Geld und das Opfer soll diese Summe so schnell wie möglich schicken. Zum Beispiel über WesternUnion oder MoneyGram. Doch am Ende kommt es nie zu diesem Treffen.

4. Erpressung. Ist das Opfer skeptisch oder will irgendwann nicht mehr zahlen, droht der Love-Scammer schlimmstenfalls mit Suizid oder mit anderen Mitteln, um das Opfer zu weiteren Zahlungen zu bewegen. Auch Wertgegenstände oder das eigene Haus zu verkaufen, wird selbstverständlich vorgeschlagen. Hauptsache, das Opfer sendet weiter Geld.

Um Love-Scammern zu entgehen, ist es ein Anfang, die ständigen Nachrichten oder Zahlungsaufforderungen zu ignorieren. Für die Beweislage bei einer Anzeige sollten die Chatverläufe oder ausgetauschten Fotos und andere Informationen gesammelt werden. Auch wird den Opfern empfohlen, die Telefonnummer und E-Mail-Adresse zu ändern, um den Betrügern so den weiteren Kontakt zu erschweren.

25. Ein hoffnungsloser Fall

Natürlich glauben Sie an das Gute im Menschen. Jeder hat etwas erlebt, das ihn auf die eine oder andere Art und Weise prägt. Diese Erlebnisse können dazu benutzt werden, bestimmte Verhaltensweisen zu erklären. Nur nicht dafür, sie zu entschuldigen. So hart und gemein das klingen mag, aber: Es gibt Menschen, die können und wollen sich nicht ändern. Sie haben in dieser Liste schon häufiger gelesen, dass die Bereitschaft zur Veränderung vorhanden sein muss.

Einsicht ist der erste Schritt zur Besserung, wie es so schön heißt. Wenn Sie also merken, dass jemand immer wieder um Entschuldigung für sein Verhalten bittet, aber keine Taten darauf folgen lässt und immer mit den alten Mustern weitermacht, müssen auch Sie realisieren, dass diese Person sich nur entschuldigt, um Sie das annehmen zu hören.

An einem Problem kann nicht gearbeitet werden, wenn nicht alle beteiligten Parteien dazu bereit sind. Die in dieser Liste behandelten problematischen Verhaltensweisen und Merkmale werden Ihnen dabei helfen, zu erkennen, welche „Baustellen" es tatsächlich wert sind, angegangen zu werden. Einem Narzissten können Sie beispielsweise gut zureden, so viel Sie wollen, aber eine Einsicht wird darauf höchstwahrscheinlich nicht folgen. Auch bei Vertretern der Hustle-Culture werden Sie es vielleicht schwer haben, sich nicht für Ihre Ruhepausen zu rechtfertigen. Autoritätspersonen und ihren Führungsstil zu hinterfragen, klappt nur dann wirklich gut, wenn genug Rückenwind da ist.

Vor allem dann, wenn dieses Ungleichgewicht durch Guilt-Tripping und das eigene, aber grundlos schlechte Gewissen wiederhergestellt werden soll, müssen Sie die nächste Hürde nehmen und zu Ihrer Entscheidung stehen. Wurden Sie aber jahrelang entsprechend bearbeitet, kann es eine ganze Weile dauern, bis Sie diesen Schritt selbstbewusst gehen können.

Der letzte Punkt in dieser Liste dient dazu, Sie an eines zu erinnern: Schonen Sie Ihre Energiereserven und nutzen Sie Ihre wertvolle Zeit, indem Sie sie mit Menschen verbringen, denen Sie sich bedenkenlos öffnen können. Andere, die über Sie herziehen, Sie schlechtreden oder davon profitieren, dass es Ihnen nicht gut geht, gehören nicht in Ihr Leben. Wenn Sie Zeit mit jemandem verbringen wollen, dann sollten Sie Vorfreude verspüren und sich nicht fragen, warum Sie bei dem Gedanken an ein Treffen so nervös werden. Sie müssen also etwas dagegen tun, damit diese Nervosität oder dieses Unwohlsein nicht die Oberhand gewinnt. Wie Sie in *14. Das schlechte Gewissen: „Hustle-Culture" und „Toxic Positivity"* gelesen haben, ist es nicht förderlich, die Signale seines eigenen Körpers zu überhören oder gar zu ignorieren. Sie müssen sich wieder darin üben, auf Ihren Körper zu hören und sich selbst zu priorisieren. Und ja, bekanntermaßen macht Übung den Meister. Dabei geht es nicht nur um die eigenen Grenzen, sondern hauptsächlich den Respekt vor sich selbst und seinen eigenen Werten.

Natürlich ist vieles leichter gesagt als getan. Und in diesem Buch zu lesen, wird nicht von heute auf morgen all Ihre Probleme lösen. Sie werden nicht mit einer Brille ausgestattet, die alle Manipulationstechniken gleich entlarvt. Gerade deshalb ist es wichtig, innezuhalten und mit sich selbst auszumachen, wie der nächste Schritt aussehen soll. Heute geht alles viel schneller als früher und es scheint manchmal, als rauscht die Welt an einem vorbei. Sich da die nötige Zeit zu nehmen und Umstände zu reflektieren, wirkt, als dauere das zu lange und es gäbe bessere Möglichkeiten, seine Zeit zu nutzen. Aber genau darin liegt das Problem: Wir alle sind so darauf bedacht, möglichst viel in möglichst wenig Zeit zu erledigen, dass wir so anfälliger für Manipulation werden. Einkaufen, Arbeiten, Essen … die alltäglichsten Dinge müssen schnell gehen. Aber wenn Sie den Spieß umdrehen und einmal entschleunigen, fällt Ihnen vielleicht mehr auf als vorher. Und so können Sie sich an Ihrer nächsten Entscheidung sozusagen „aktiver" beteiligen. Vielleicht fällt Ihnen auch auf, welche Entscheidungen Sie unterbewusst automatisiert haben? Was dann wiederum die Frage aufwirft, was Sie dazu gebracht hat: Ist es jemandes Anzug, den Sie als Autoritätsperson wahrnehmen? Ist es das Licht im Supermarkt, wenn Sie durch die Gänge laufen und sich die Auslage anschauen? Vielleicht der Geruch von Frischgebackenem? Oder die neue Verpackung in Ihrer Lieblingsfarbe? All das sind nämlich die Techniken, die von Ihren automatisierten Vorgängen nur profitieren können.

Kapitel IV
Manipuliere ich?

Um das von vornherein klarzustellen: Sie können nicht manipulieren, wenn Sie nicht die bewusste Absicht haben, das zu tun. Sie wissen inzwischen, dass Manipulation ein Ziel erfordert, das Sie erreichen wollen und von dem die andere Person nichts oder möglichst wenig beziehungsweise gerade genug wissen sollte. Wenn Sie sich also nicht aktiv vornehmen, jemanden für ein eigenes Ziel in eine bestimmte Richtung zu lenken, dann manipulieren Sie diese Person auch nicht. Sie greifen nicht ein, um etwas zu Ihrem Vorteil zu beeinflussen. Sie brauchen sich also keine Gedanken oder sogar Sorgen darüber zu machen.

Klar, jeder kann in der ein oder anderen Form beeinflusst werden. In jedem Bereich des Lebens, nicht nur durch Werbung oder eine Finanzspritze. Wie gesagt: Es sei denn, Sie entschließen sich dazu, in einer Seifenblase zu leben und dabei eine Augenbinde zu tragen, nur um ganz sicher zu sein. Die Angst davor, auf eine solche Beeinflussung ein- und daraus mit einer gelernten Lektion herauszugehen, ist da und manchmal sogar sehr groß. Herauszufinden, ob diese Angst berechtigt ist oder nicht – und was zu tun ist, wenn Letzteres der Fall ist – bedarf Übung. Wie so vieles im Leben. Niemand kann das Sammeln Ihrer Erfahrungen für Sie übernehmen. Egal, ob negative oder positive Erlebnisse. Die Lektionen, die Sie daraus lernen, sind für die eigene Selbstständigkeit sehr wichtig. Dabei sollten Sie nicht vergessen, dass Sie selbstverständlich nach

Hilfe fragen dürfen und müssen, wenn Sie diese brauchen. Der Mensch ist nicht auf dieser Welt, um sich allein durchzuschlagen. Der Mythos des „einsamen Wolfes" ist nicht cool, sondern kostet den einsamen Wolf in der freien Natur meist das Leben. Sie haben Menschen in Ihrem Leben, die Sie lieben und die Ihnen lieb und teuer sind. Schon allein für diese Menschen lohnt es sich, härter zu kämpfen.

Zu erkennen, dass man selbst manipulativ sein könnte, würde nicht nur Ihnen schwerfallen. Aufgrund der negativen Verbindung, die man zu dem Wort hat, fühlt es sich an, als würden einem dann sofort Teufelshörner wachsen. Aber es gibt den ein oder anderen Weg, das zu erkennen, ohne gleich in eine Existenzkrise zu geraten.

1. Sie neigen dazu, alles selbst zu tun. Ohne das tatsächlich zu beabsichtigen, suggerieren Sie Ihrem Umfeld damit, dass Sie keine Hilfe benötigen, und lassen die Menschen in Ihrem Umfeld außen vor. Das führt zu einem schlechten Gewissen bei diesen, denn immerhin haben Sie nicht kommuniziert, dass Sie sich Unterstützung wünschen und begeben sich so in die Position des Märtyrers.

2. „Ich verspreche es!" Um sich bei einem Freund zu revanchieren, versprechen Sie, ihn nach einem Gefallen zum Essen einzuladen. Oder Sie versprechen etwas anderes, ohne dieses Versprechen dann tatsächlich einzuhalten. Somit riskieren Sie das Vertrauen Ihres Freundes, der sich in Zukunft vielleicht nicht mehr an Sie wenden wird, wenn er Hilfe benötigt.

3. Schweigen. Sie neigen dazu, in einer Diskussion oder vielleicht sogar einem Streit zu schweigen. Sie reagieren entsprechend abweisend und kommunizieren Ihre eigene Gedankenwelt zu dem

Thema nicht. Damit platzieren Sie sich selbst in einer höheren Position als Ihr Gegenüber, denn dieses Schweigen dient Ihnen als eine Art Machtdemonstration. Frei nach dem Motto: „Ich muss das nicht mit einer Antwort würdigen."

4. Übertreibung. Jeder erzählt mal etwas so, dass es wesentlich spannender klingt als das, was wirklich passiert ist. Es war lustiger als in Wirklichkeit oder nicht so ein großes Ding, wie es sich anhört. Aber wenn Sie Ihre Worte so wählen, dass Sie auf Mitgefühl aus Ihrem Umfeld hoffen, ist es etwas anderes. Die Aufmerksamkeit, die Sie durch dieses Mitgefühl generieren, streichelt ein Ego, von dem Sie vielleicht gar nicht wissen, dass Sie es haben?

5. Wortwahl. Achten Sie mal auf die Art und Weise, wie Sie mit verschiedenen Personen sprechen: Wie verändert sich Ihre Wortwahl, wenn Sie etwas von einer Person brauchen?

Wie gesagt: Manipulation ist eine Grauzone. Sie wissen vielleicht nicht einmal, dass Sie diese Merkmale aufweisen und haben bestimmt auch keine Absichten, jemanden zu Ihrem Vorteil zu beeinflussen. Nur weil Sie sich vielleicht in diesen Merkmalen erkennen, heißt das nicht, dass Sie all das absichtlich tun. Genau deshalb ist es wichtig, sich mit seiner Selbstwahrnehmung zu beschäftigen. Wer – denken Sie – sind Sie? Und wären Sie bereit, die Arbeit an sich aufzunehmen? Sich ihrer negativen Verhaltensweisen bewusst zu werden und dann auf ein besseres Ich hinzuarbeiten? Und wenn nicht: Was genau ist es, das Sie davon abhält? Sind eventuelle Befürchtungen und Ängste begründet und realistisch?

Ob Sie es glauben oder nicht: Auch das ist eine Form von Selbstliebe. Eine Art Inventur bei sich selbst zu machen und zu erkennen, was man verbessern könnte, wenn man wollte. Das, und welche

Möglichkeiten Sie wahrnehmen wollen. Ebenso wie das zu lieben, was da ist. Wenn Ihnen das in Ihrem Umfeld fehlen sollte, dürfen Sie nicht darauf warten. Sie müssen diese Selbstliebe und den Respekt bei sich selbst suchen und finden können. Sie sind es sich selbst, Ihrem Körper und Ihren Liebsten wert. Menschen, die Sie lieben, wollen Sie glücklich sehen. Wie dieses Glück aussieht, ist allein Ihre Entscheidung. Es kann aber eine Weile dauern, bis Sie an diesem Punkt in Ihrem Leben ankommen. Deswegen dürfen Sie aber keine Angst davor haben, damit anzufangen.

Kapitel V

Manipulation – nicht mit mir!

Sie sind sich inzwischen manipulativer Strukturen bewusst und können diese erkennen. Gegebenenfalls schauen Sie sich die Liste in Kapitel III noch einmal an und frischen Ihre Kenntnisse wieder auf. Wenn Ihnen etwas nicht ganz stimmig vorkommt, fragen Sie nach weiteren Informationen, mit denen Sie arbeiten und sich so eine Meinung bilden können. Achten Sie darauf, ob eine Person oder eine andere Quelle Ihnen diese Informationen liefern kann oder nicht. Warum lenkt diese Person vielleicht vom Thema ab? Warum ist die Quelle nicht hilfreich? Schließlich müssen Sie, basierend auf Informationen, eine Entscheidung treffen. Sie müssen hinter dieser Entscheidung stehen können und dürfen sich nicht fragen, ob diese tatsächlich Ihre war oder ob Sie so lange bearbeitet wurden, bis diese Entscheidung Ihnen wie Ihre eigene vorkam. Welche Faktoren haben bei der Entscheidungsfindung geholfen? Waren es solide Recherche und nachvollziehbare Quellen oder eher das schlechte Gewissen und ein ausstehender Gefallen? Das kann nämlich unterbewusst dazu beitragen, dass Sie in eine bestimmte Richtung neigen. Hierbei hilft ein Check Ihrer eigenen Grenzen: Halten Sie diese im Alltag aufrecht? Respektieren Sie sich selbst genug, offen mit sich selbst, den Signalen Ihres Körpers und Ihrer Umwelt umzugehen? Oder fühlen Sie sich schlecht, wenn Sie jemandem absagen, obwohl Ihre

Batterien für soziale Kontakte leer sind? Betrachten Sie diese Situation mal aus einer anderen Perspektive: Wenn Sie einer Person absagen, weil Sie sich zu schwach für weitere Interaktion fühlen, dann denken Sie daran, dass sich die Welt dieser Person von selbst weiterdrehen wird. Sie sind nicht der einzige Mensch auf der Welt, den diese Person kennt. In gesunden Freundschaften ist es nun mal wichtig, offen und ehrlich miteinander umzugehen. Deshalb sollten Sie sich wohl bei dem Gedanken fühlen können, offen zuzugeben, dass Sie den Rückzug und eine kleine Pause vorziehen. Schlagen Sie alternativ einen anderen Termin vor und treffen Sie sich dann. Sollte die Person Ihnen allerdings ein schlechtes Gewissen machen wollen und versuchen, Sie doch zur Unternehmung zu bewegen, dann ziehen Sie die Grenze freundlich aber bestimmt erneut. Sie dürfen dem Stress, den Sie bei einer Vorstellung, die Ihnen nicht gefällt, verspüren, keinen Raum geben. Wenn es Ihnen schwerfällt, dann ist es an der Zeit, das zu üben. Eine Unternehmung beziehungsweise gemeinsame Zeit sollte Ihnen Spaß machen. Sie sollten (Vor-)Freude bei dem Gedanken daran verspüren, weil Sie wissen, dass Sie diesem Menschen vertrauen.

Probieren Sie also aus, Ihre Grenzen zu ziehen und zu kommunizieren. Schreiben Sie sich die Stressfaktoren in Ihrem Alltag auf und setzen Sie sich damit auseinander: Was genau ist es, das Sie daran stresst, und welche Möglichkeiten bieten sich Ihnen, diesen Stress im Alltag gesund anzugehen? Wer könnte Sie gegebenenfalls bei dieser Aufgabe unterstützen? Oder bewegen Sie sich eher in einem Umfeld, das nicht zugänglich für solche offenen Aussprachen ist? Wenn dem so ist, dann ist die nächste Frage: Sollten Sie dieses Umfeld verlassen? Können Sie dieses Umfeld ohne negative Konsequenzen verlassen? Welche Vor- und Nachteile gäbe es bei diesem Vorhaben?

Seine eigenen Gedanken zu sortieren, fällt schwer, wenn man diese nicht auf die eine oder andere Art und Weise visualisiert. Welche Methode bevorzugen Sie? Sind Sie ein Listen-Mensch? Oder werden Sie kreativer und malen vielleicht? Reicht Ihnen schon ein Spaziergang für einen klaren Kopf? Oder ein Kaffee mit der Person Ihres Vertrauens, um mit Brainstorming Ihre Gedanken einfach mal laut schweifen zu lassen? Die Möglichkeiten scheinen endlos, aber welche Sie wählen, ist ganz individuell. Besonders am Anfang kann es schwerfallen, Grenzen zu ziehen. Aber genau deshalb sollte das aktiv angegangen und geübt werden. Etwa so lange, bis es einem leicht von den Lippen geht. Der Weg dahin scheint lang und steinig. Da er nicht geradlinig ist und auch Schwierigkeiten bietet, wollen ihn die wenigsten gehen. Ausreden wie „So bin ich eben!“ sind dann praktisch die Erlaubnis, sich auf die faule Haut zu legen. Aber ist das Leben nicht voller Aufgaben, an denen man wächst? Und wie kann man wachsen und weiterkommen, wenn man diese Aufgaben nicht angehen will?

Schlusswort

Manipulation ist nicht viel mehr als ein Instrument. Es dient dazu, ein bestimmtes und in den meisten Fällen bereits vorgezeichnetes Ziel zu erreichen. Je nachdem, in welcher Branche man sich bewegt, kommt es dabei auf den richtigen Winkel, das richtige Foto oder auch die richtigen Worte an. Das richtige Publikum ist selbstverständlich auch leichter zugänglich für bestimmte Manipulationstechniken. Das zeigt, dass Selbstreflexion schwerer fällt, wenn man sich stets in den gleichen Kreisen bewegt. Wenn in diesen Kreisen dann auf eine bestimmte Rhetorik zurückgegriffen wird, soll diese dafür sorgen, dass das auch so bleibt.

Wenn man sich mit dem Thema Manipulation beschäftigt, ist Selbstreflexion besonders wichtig. Dabei geht es nicht darum, hohe Mauern zu bauen und aufrechtzuerhalten. Es geht darum, die aufgenommene Information entsprechend zu filtern. Wie gesagt: Die Welt will Ihnen nichts Böses. Erkennen Sie die Existenz dessen, was ist, ruhig an. Diese Meinung müssen Sie aber nicht unbedingt teilen. Das ist der Punkt, der bei diesem Thema die meisten Schwierigkeiten bereitet. Schließlich will man sein Gegenüber von seinen – für sich selbst richtigen – Argumenten überzeugen. Hier kommt auch die Diskussion ins Spiel: Lohnt es sich, mit einer Person, die in ihrer Meinung festgefahren und gar nicht zugänglich für korrigierte Informationen ist, zu diskutieren? Möchten Sie sich dieser Aufgabe tatsächlich annehmen oder entscheiden Sie sich eher dazu, Ihre Energiereserven zu schonen, indem Sie sich von dieser Person abkapseln? Vielleicht reicht es auch, offen zu kommunizieren, dass Sie selbst für dieses Thema gerade nicht die mentalen Kapazitäten haben? Im besten Fall wird diese Unterhaltung dann gleich beendet. Im schlimmsten Fall haben Sie Ihre Antwort auf die erste Frage erhalten und können sich Kontakten zuwenden, die Ihnen guttun.

Das umzusetzen hat seine Schwierigkeiten. Nicht nur mental, sondern auch physisch. Aber wenn es um Politik geht, ist vieles leichter gesagt als getan. Wenn man in einem Land lebt, das freie Meinungsäußerung erlaubt und durch faire Wahlen unterstützt, gibt es durch Petitionen oder verschiedene Formen des friedlichen Aktivismus die Möglichkeit, auf Problematiken aufmerksam zu machen. Lebt man jedoch nicht in einem solchen Land und könnte sich mit Aktivismus sogar in Lebensgefahr begeben, sind diese Bürger dazu gezwungen, zu anderen Mitteln zu greifen. Natürlich ist es immer einfacher, sich eine Meinung über einen Sachverhalt zu bilden, wenn man die Sicherheit und Stabilität genießt, das zu tun. Über Propaganda und Manipulation in den Medien zu sprechen ist schließlich einfacher, wenn man im eigenen Heim auf der Couch sitzt. Menschen, für die das der Alltag ist, zu fragen, warum sie sich das „gefallen lassen", reicht das nicht. Sie müssen sich selbst fragen, was Sie zu dieser Frage verleitet und in welcher Position Sie sich befinden, im Vergleich zu der Person, zu der Sie gerade sprechen.

Das gilt auch bei Opfern häuslicher Gewalt. Wenn Sie das Glück hatten, so etwas nicht erleben zu müssen, ist die Frage „Warum verlässt du ihn nicht einfach?" oder Aussagen wie „Sie hätte ja gehen können!" nicht der richtige Ansatz. Jede Frau kennt mindestens eine andere, die schon einmal in einer gewalttätigen Beziehung war. Sei es die beste Freundin, die eigene Mutter, man selbst, oder sogar die eigene Oma. Als Außenstehender kennt man nicht die Angst, die diese Frau vielleicht jeden Tag begleitet, oder weiß, wie tief sie sitzt und welche Spuren sie langfristig hinterlassen kann.

Wozu man selbst in der Lage ist, lernt man im Laufe seines Lebens des Öfteren auf die harte Tour: „Zähne zusammenbeißen" und „da muss ich jetzt durch" oder „wird schon" und „was muss, das muss", sind Sprüche, die Sie wahrscheinlich das ein oder andere Mal gehört oder sogar mal selbst gesagt haben. Das Leben verläuft nicht geradlinig, sondern bietet mit seinem Auf und Ab die ein oder andere Überraschung. Manchmal ist das eine Überraschung, auf die Sie sich einstellen können, und manchmal eben eine, die Ihnen den Boden unter den Füßen wegzieht und von der Sie sich erst einmal aufrappeln müssen – was völlig in Ordnung ist, übrigens. Wenn der Alltag mal zu viel wird, können Sie sich ruhig eine kleine Pause gönnen. Die Kunst, das Gehirn davon abzuhalten, Ihnen ein schlechtes Gewissen für diese Pause zu machen, ist eine andere. In einer Gesellschaft der „Hustle-Culture" muss abschalten gelernt sein, nicht?

Da ist es wichtig, Grenzen ziehen zu lernen. Nicht nur das: Es hilft Ihnen auch dabei, Ihren Selbstwert mal genauer zu durchleuchten. Warum fühlen Sie sich schlecht, wenn Sie eine Pause machen wollen? Können Sie sich überhaupt auf Ihre Pause konzentrieren, ohne dabei parallel etwas anderes machen zu wollen? Wie hat sich Ihre Aufmerksamkeitsspanne an Ihren Alltag angepasst? Mit der Erfindung des Smartphones hat sich einiges geändert. Nicht nur, dass die Aufmerksamkeitsspanne auffällig kürzer ist, sondern auch, dass Sie für Werbung besser erreichbar sind als nur durch den Fernsehbildschirm. Aber würde der Mensch nicht mit den Veränderungen gehen, die er tagtäglich erlebt, würde es ihm auch schwerer fallen, sich mit der Zeit anzupassen. Haben Sie also kein schlechtes Gewissen. Manipulation in der ein oder anderen Form ist Teil des Alltags. Niemand kann sich gänzlich davor verschließen. Wie Sie mit den Eindrücken umgehen, die wiederholt auf Sie einprasseln, ist da wesentlich wichtiger. Nehmen Sie sich den Raum und die Zeit, diese angemessen zu reflektieren. Denken Sie nach und informieren Sie sich eingehend, wenn nötig. Ihre Meinung muss nicht mit der anderer übereinstimmen, solange dadurch niemand Schaden nimmt. Und sobald Sie durch regelmäßige Übung gelernt haben, Ihre Meinung nicht negativ beeinflussen zu lassen, sind Sie auf einem guten Weg.

Quellen und weiterführende Literatur

Bücher

Backes, L. und Bettoni, M. (2021). Alle drei Tage: Warum Männer Frauen töten und was wir dagegen tun müssen – Ein SPIEGEL-Buch. Deutsche Verlags-Anstalt.

Behr, R. (2017). „Racial“ oder „Social“ Profiling in der Polizeiarbeit? Eine organisationskulturelle Perspektive auf Diskriminierungsvorwürfe an die Polizei. In C. Kopke und W. Kühnel (Hrsg.), *Demokratie, Freiheit und Sicherheit: Festschrift zum 65. Geburtstag von Hans-Gerd Jaschke* (S. 255–271). Nomos.

Benecke, L. (2018). *Psychopathinnen: Die Psychologie des weiblichen Bösen* (8. Aufl. 2018). Bastei Lübbe (Lübbe Ehrenwirth).

Bockshorn, S. (2013). *Häusliche Gewalt gegen Männer: Wann ist ein Mann ein Mann?* VDM Verlag.

Criado-Perez, C. und Singh, S. (2020). *Unsichtbare Frauen: Wie eine von Daten beherrschte Welt die Hälfte der Bevölkerung ignoriert* (deutsche Erstausgabe). btb Verlag.

Cullen, D. (2010). *Columbine* (illustrierte Ausgabe). Twelve.

Decoin, D. und Bach, B. (2011). *Der Tod der Kitty Genovese*. Arche Verlag.

Eddo-Lodge, R. und Grube, A. (2020). *Warum ich nicht länger mit Weißen über Hautfarbe spreche* (5. Druckaufl. 2021). Tropen.

Feltes, T. (2021). Polizei und Kommunikation: Vom Umgang mit Problemen in, mit und durch die Polizei. In *Rassismus, Rechtsextremismus, Polizeigewalt. Beiträge für und über eine rechtschaffen(d)e, demokratische Bürgerpolizei* (S. 185–203). Feltes/Plank.

Fuhrmann, L. (2019). *Männer als Opfer von häuslicher Gewalt: Die Problematik fehlender Hilfe und Sensibilisierung in der Gesellschaft* (1. Aufl.). Verlag für Polizeiwissenschaft.

Hasters, A. (2019). *Was weiße Menschen nicht über Rassismus hören wollen, aber wissen sollten* (19. Aufl.). hanserblau.

Hill, M. J., Pulitzer, L., Bell, I. und Denkhaus, M. (2014). *Mein geheimes Leben bei Scientology und meine dramatische Flucht*. btb Verlag.

Jones, S. (2022). *Erlöse mich von dem Bösen: Meine Kindheit im Dienste der Zeugen Jehovas* (1. Aufl. 2022). Lübbe.

Kebekus, C. und Tripke, M. (2021). *Es kann nur eine geben* (2. Aufl.). KiWi-Paperback.

Köllner, S. (2019). *Mein virtueller Märchenprinz: Moderner Heiratsschwindel im Internet* (1. Aufl.). tredition.

Layton, D. (2008). *Selbstmord im Paradies: Mein Leben in der Sekte* (C. Asman, Hrsg.; S. Mall, Übers.; 1. Aufl.). Suhrkamp Verlag.

Lerner, S. (2019). *Parkland Speaks: Survivors from Marjory Stoneman Douglas Share Their Stories* (illustrierte Aufl.). Crown Books for Young Readers.

Navarro, J. (2010). *Menschen lesen: Ein FBI-Agent erklärt, wie man Körpersprache entschlüsselt.* mvg Verlag.

Remini, L. (2017). *Troublemaker: Wie ich Hollywood und Scientology überlebte.* mvg Verlag.

Reschmann, S. (2016). *Gewalt gegen Männer im häuslichen Umfeld. Formen, Auswirkungen und Studien* (1. Aufl.). GRIN Publishing.

Rode, E. (2022). *Die 21 Techniken der Manipulation – Dunkle Psychologie im Alltag: So schützen Sie sich vor den Manipulationstechniken anderer Menschen und gewinnen die Kontrolle über Ihr Leben zurück.* ProfilerMedia.

Internetquellen

Amonat, C. (2018, 3. Januar). *Riech mal: Wie Gerüche unser Denken und Verhalten verändern.* DIE WELT. Abgerufen am 1. September 2022, von https://www.welt.de/kmpkt/article171812912/Riech-mal-Wie-Gerueche-unser-Denken-und-Verhalten-veraendern.html

Ask a Mortician. (2019, 17. Dezember). *We Recreated A Victorian Funeral* [Video]. YouTube. Abgerufen am 13. August 2022, von https://www.youtube.com/watch?v=0OlF-EtoGBo

Associated Press. (2018, 14. Dezember). *Brazil faith healer wanted by police as abuse cases mount.* The Washington Post – Democracy Dies in Darkness. Abgerufen am 28. August 2022, von https://web.archive.org/web/20181217154627/https://www.washingtonpost.com/world/the_americas/brazil-faith-healer-wanted-by-police-as-abuse-cases-mount/2018/12/14/193bc5c0-ffea-11e8-a17e-162b712e8fc2_story.html?utm_term=.036c5bebc8a8

Autoren auf Therapie.de. (o. D.). *Angststörung: Ihre Ursachen und Entstehung*. therapie.de. Abgerufen am 9. August 2022, von https://www.therapie.de/psyche/info/index/diagnose/angst/ursachen/

Autoren auf Wirtschafts-Wiki. (2021). *Selektive Werbung – Was es ist, Definition und Konzept – 2021 – Wirtschaft-Wiki.com.* economy-pedia. Abgerufen am 2. September 2022, von https://de.economy-pedia.com/11029969-selective-advertising

BBC News. (2022, 27. Mai). *US Gun Control: What is the NRA and why is it so powerful?* Abgerufen am 17. August 2022, von https://www.bbc.com/news/world-us-canada-35261394

Behavioral Nutrition. (2021, 25. Oktober). *What is Diet Culture?* Behavioral Nutrition.Org. Abgerufen am 31. August 2022, von https://behavioralnutrition.org/what-is-diet-culture/

Bennett, D., Lee, J. S. und Cahlan, S. (2020, 30. Mai). *The Death of George Floyd: What Video and Other Records show about his Final Minutes.* Washington Post. Abgerufen am 23. August 2022, von https://www.washingtonpost.com/nation/2020/05/30/video-timeline-george-floyd-death/

Berger, J. (2020, 10. Januar). *Manipulation durch Verschweigen – Die deutschen Medien und das Attentat auf Soleimani.* NachDenk-Seiten – Die kritische Website. Abgerufen am 11. August 2022, von https://www.nachdenkseiten.de/?p=57548

Bernhardt, T. (2021, 11. August). *Wie manipuliert uns die Werbeindustrie?* SWR3.de. Abgerufen am 11. August 2022, von https://www.swr3.de/aktuell/fake-news-check/werbung-manipulation-faktencheck-100.html

Bhanawat, A. (2021, 4. Mai). *How Does Music Influence Us When Playing Games?* T.H.E – Music Essentials. Abgerufen am 31. August 2022, von https://themusicessentials.com/editorials/how-does-music-influence-us-when-playing-games/

Black Lives Matter. (2022, 25. Mai). *Black Lives Matter Global Network Foundation Commemorates George Floyd, Demands Systemic Change to Protect Black Life.* Abgerufen am 23. August 2022, von https://blacklivesmatter.com/black-lives-matter-global-network-foundation-commemorates-george-floyd-demands-systemic-change-to-protect-black-life/

Blog, HORBACH. (o. D.). *Blogger, YouTuber & Co. – was machen sie und warum sind sie so erfolgreich?* Horbach. Lebens- und Finanzplanung. Abgerufen am 13. August 2022, von https://www.horbach.de/aktuelles/blog/warum-sind-influencer-erfolgreich.html

Boone, B. (2019, 29. Juli). *The Real Reason These TV Shows Were Canceled In 2019.* Looper.Com. Abgerufen am 1. September 2022, von https://www.looper.com/150666/the-real-reason-these-tv-shows-were-canceled-in-2019/

Boseley, S. (2017, 27. November). *Andrew Wakefield struck off register by General Medical Council.* The Guardian. Abgerufen am 26. August 2022, von https://www.theguardian.com/society/2010/may/24/andrew-wakefield-struck-off-gmc

Bothner, M. (2020, 3. Juni). *Eskalation bei „Black Lives Matter"-Demo.* regensburg-digital. Abgerufen am 23. August 2022, von https://www.regensburg-digital.de/eskalation-bei-black-lives-matter-demo/03062020/

BR. (2020, 9. September). *RESPEKT: Die Macht der Sprache.* Bayerischer Rundfunk. Abgerufen am 22. August 2022, von https://www.br.de/extra/respekt/sprache-framing-manipulation100.html

Bücheler, S. (2022, 16. Februar). *Psychologe Dieter Rohmann über Sekten-Aussteiger: „Das fühlt sich an wie im freien Fall".* hr INFO Podcast. Abgerufen am 26. August 2022, von https://www.hr-inforadio.de/programm/das-interview/psychologe-dieter-rohmann-ueber-sekten-aussteiger-das-fuehlt-sich-an-wie-im-freien-fall,dieter-rohmann-102.html

Bundesamt für Familie und zivilgesellschaftliche Aufgaben. (o. D.). *Auch Männer erleben Gewalt: Ein Interview mit Andreas Haase vom Männerhilfetelefon.* Hilfetelefon. Gewalt gegen Frauen. Männerhilfetelefon. Abgerufen am 20. August 2022, von https://www.hilfetelefon.de/aktuelles/auch-maenner-erleben-gewalt.html

Bundeszentrale für politische Bildung. (2021, 4. Oktober). *Das Politlexikon. Indoktrination.* bpb.de. Abgerufen am 14. August 2022, von https://www.bpb.de/kurz-knapp/lexika/politiklexikon/296382/indoktrination/

Bundeszentrale für politische Bildung. (2022a, 18. Januar). *Methoden der Kriegspropaganda*. bpb.de. Abgerufen am 7. August 2022, von https://www.bpb.de/themen/medien-journalismus/krieg-in-den-medien/130699/methoden-der-kriegspropaganda/

Bundeszentrale für politische Bildung. (2022b, 7. April). *Black Lives Matter – eine Bestandsaufnahme*. bpb.de. Abgerufen am 23. August 2022, von https://www.bpb.de/themen/nordamerika/usa/507013/black-lives-matter-eine-bestandsaufnahme/

Burke, C. (2019, 14. März). *"Here We Go Again": The Endless Cycle of Queerbaiting in Pop Culture*. Georgia Voice – Gay & LGBT Atlanta News. Abgerufen am 1. September 2022, von https://thegavoice.com/outspoken/here-we-go-again-the-endless-cycle-of-queerbaiting-in-pop-culture/

Butt, S. (2021, 11. Oktober). *Macht der Musik: Manipulation durch Musik*. Musik – Kultur – Planet Wissen. Abgerufen am 31. August 2022, von https://www.planet-wissen.de/kultur/musik/macht_der_musik/pwiemanipulationdurchmusik100.html

Butt, S. (2022, 5. April). *Musik: Macht der Musik*. Musik – Kultur – Planet Wissen. Abgerufen am 31. August 2022, von https://www.planet-wissen.de/kultur/musik/macht_der_musik/index.html

By the New York Times. (2017, 1. August). *Florida U.S. House 13th District Results: Charlie Crist Wins*. NYT. Abgerufen am 17.August 2022, von https://www.nytimes.com/elections/2016/results/florida-house-district-13-jolly-crist

CBS News. (2015, 26. Februar). *Trayvon Martin's mother: George Zimmerman got away with murder*. Abgerufen am 23. August

2022, von https://www.cbsnews.com/news/trayvon-martins-mother-george-zimmerman-got-away-with-murder/

Charky, N. (2015, 10. Juli). *The Interesting Reason These Prison Cells Are Pink.* ATTN. Abgerufen am 1. September 2022, von https://archive.attn.com/stories/2316/pink-prison-cells

Charles-Collins, K. [TEDxTalks]. (2018, 6. Dezember). *The Bystander Effect: Why Some People Act and Others Don't. TEDxOcala* [Video]. YouTube. https://www.youtube.com/watch?v=45qZei0iw3k

Chiwaya, N., DeFrank, P., Kimelman, J., Kwong, H., Welch, A. und Murphy, J. (2022, 26. Mai). *School Shooting Tracker: Counting school shootings since 2013.* NBC News. Abgerufen am 17. August 2022, von https://www.nbcnews.com/news/us-news/school-shooting-tracker-n969951#year=2020

Chuck, E., Johnson, A., Siemaszko, C., McCausland, P., Sperling, J., Blankstein, A., Tidey, A., Santana, C. und DiCasimirro, G. (2018, 15. Februar). *17 killed in mass shooting at high school in Parkland, Florida.* NBC News. Abgerufen am 17. August 2022, von https://www.nbcnews.com/news/us-news/police-respond-shooting-parkland-florida-high-school-n848101

Cialdini, R. B. (2001, 1. August). *Die Kunst, Menschen zu beeinflussen.* Spektrum der Wissenschaft. Abgerufen am 7. August 2022, von https://www.spektrum.de/magazin/die-kunst-menschen-zu-beeinflussen/827874

Cinema Therapy with John Decker and Alan Seawright. (2020, 9. Juni). *11 Warning Signs of Gaslighting in TANGLED* [Video]. YouTube. https://www.youtube.com/watch?v=Efua__7B7j4

Cochrane Library. (2020). *Does the measles, mumps, rubella and varicella (MMRV) vaccine protect children, and does it cause harmful effects?* Cochrane. Abgerufen am 26. August 2022, von https://www.cochrane.org/CD004407/ARI_does-measles-mumps-rubella-and-varicella-mmrv-vaccine-protect-children-and-does-it-cause-harmful

Collison, K. (2011, 17. Februar). *The Power of Uniforms* [Blog Post]. Blogger. https://questioningauthoritysubversion.blogspot.com/2011/02/power-of-uniforms.html

ColorOfChange.org. (2015, März). *NOT TO BE TRUSTED: Dangerous Levels of Inaccuracy in TV Crime Reporting in NYC*. The ColorOfChange News Accuracy Report Card. https://s3.amazonaws.com/s3.colorofchange.org/images/ColorOfChangeNewsAccuracyReportCardNYC.pdf

Decker, J. (2015, 27. August). *4 Ways to Avoid Abusive Relationships*. Your Family Expert. Abgerufen am 24. August 2022, von https://yourfamilyexpert.com/avoiding-abusive-relationships-and-building-good-ones/

DER SPIEGEL. (2015, 7. April). *Postkarten im Ersten Weltkrieg: „Scho recht, i kimm glei"*. DER SPIEGEL Geschichte. Abgerufen am 7. August 2022, von https://www.spiegel.de/fotostrecke/propganda-mit-bildpostkarten-im-ersten-weltkrieg-fotostrecke-125309.html

DeStatis. (o. D.-a). *Armutsgefährdungsquote nach Sozialleistungen nach Geschlecht und Alter. Statistisches Bundesamt*. Abgerufen am 26. August 2022, von https://www.destatis.de/error_path/400.html?al_req_id=YwjVEY6djqavFKp4b05@bQAAA4c

DeStatis. (o. D.-b). *Geburten | Statistisches Bundesamt*. Statistisches Bundesamt. destatis. Abgerufen am 26. August 2022, von https://www.destatis.de/error_path/400.html?al_req_id=YwjLr4mPu-UJkhwl9cKjSMgAAA@E

Deutsche Welle (www.dw.com). (2018, 18. Februar). *US-Schüler wütend auf Waffenlobby*. DW.COM. Abgerufen am 17. August 2022, von https://www.dw.com/de/us-sch%C3%BCler-w%C3%BCtend-auf-waffenlobby/a-42632138

Deutscher Bundestag. (2022, 13. Mai). *Deutscher Bundestag – Aufhebung des Verbots der Werbung für Schwangerschaftsabbruch*. www.bundestag.de. Abgerufen am 26. August 2022, von https://www.bundestag.de/dokumente/textarchiv/2022/kw19-de-schwangerschaftsabbruch-219a-891910

Deutschlandfunk Nova. (2021, 28. November). *Das Geschäft mit der Sinnsuche*. Abgerufen am 25. August 2022, von https://www.deutschlandfunknova.de/beitrag/sekten-in-deutschland-der-markt-mit-der-sehnsucht-nach-sinn

deutschlandfunkkultur.de. (2020, 28. August). *Manipulation von Menschen – Die Motive der Angstmacher erkennen*. Deutschlandfunk Kultur. Abgerufen am 9. August 2022, von https://www.deutschlandfunkkultur.de/manipulation-von-menschen-die-motive-der-angstmacher-100.html

Die Bundesregierung. (2020, 10. November). *Häusliche Gewalt nimmt weiter zu*. Webseite der Bundesregierung. Startseite. Abgerufen am 7. August 2022, von https://www.bundesregierung.de/breg-de/aktuelles/partnerschaftsgewalt-1809976

Doepke, M. (2022, 10. August). *Mit Sprache Politik machen*. Ethik Heute. Abgerufen am 22. August 2022, von https://ethik-heute.org/mit-sprache-politik-machen/

Dolce [Dolce & Gabbana]. (2014, 28. Februar). *Dolce&Gabbana Dolce – Fragrance for Women – The Director's Cut* [Video]. YouTube. https://www.youtube.com/watch?v=KDS27j5cXkM

dpa. (2018, 3. April). *Böser Spaß: Wenn Bestatter mit schwarzem Humor werben*. Handelsblatt. Abgerufen am 11. August 2022, von https://www.handelsblatt.com/arts_und_style/aus-aller-welt/boeser-spass-wenn-bestatter-mit-schwarzem-humor-werben/21135594.html

Dr. Sonya Bruner [BetterHelp]. (2018, 30. Juli). *6 Signs Of An Emotionally Abusive Relationship You Shouldnt Ignore* [Video]. YouTube. https://www.youtube.com/watch?v=8vhx2hlko28

Dr. Todd Grande. (2020, 22. Februar). *10 Things Narcissists do to Appear Smarter than They Really Are* [Video]. YouTube. https://www.youtube.com/watch?v=OMkrosLHIEs

DUDEN. (o. D.-a). *Assoziation*. Duden Online. Abgerufen am 5. August 2022, von https://www.duden.de/rechtschreibung/Assoziation#cite

DUDEN. (o. D.-b). *Kult*. DUDEN Online. Abgerufen am 25. August 2022, von https://www.duden.de/rechtschreibung/Kult#close-cite

DUDEN. (o. D.-c). *Manipulation*. Duden Online. Abgerufen am 5. August 2022, von https://www.duden.de/rechtschreibung/Manipulation#cite

DUDEN. (o. D.-d). *Sekte*. DUDEN Online. Abgerufen am 25. August 2022, von https://www.duden.de/rechtschreibung/Sekte#close-cite

Earth Overshoot Day. (2022, 10. August). *Earth Overshoot Day 2022 – #MoveTheDate*. Overshootday.Org. Abgerufen am 19. August 2022, von https://www.overshootday.org/

Eldridge, A. (o. D.). *Jonestown. History, Facts, Jim Jones & Survivors*. Encyclopedia Britannica. Abgerufen am 25. August 2022, von https://www.britannica.com/event/Jonestown

Elling, E. (2021, 23. Juni). *Manipulation und Propaganda*. bpb.de. Abgerufen am 7. August 2022, von https://www.bpb.de/themen/medien-journalismus/bilder-in-geschichte-und-politik/73234/manipulation-und-propaganda/

Evangelische Informationsstelle Kirchen–Sekten–Religionen. (o. D.). Über uns. Relinfo.ch. Abgerufen am 28. August 2022, von https://www.relinfo.ch/uber-uns/

extra3. (2022, 22. Februar). *Toxic Positivity: Das Recht auf schlechte Laune. extra 3. NDR* [Video]. YouTube. https://www.youtube.com/watch?v=iBKIPmCD9FQ&list=WL&index=2

Filkas, R. M. (2022, 16. Januar). *Brötchen, Semmel, Schrippe, Weck: Wie sage ich's richtig?* Setzfehler. Abgerufen am 7. August

2022, von https://ronaldfilkas.de/broetchen-semmel-schrippe-weck-wie-sage-ichs-richtig/

Fischer, E. (2019, 2. Mai). *Was ist Manipulation und wie schütze ich mich davor?* LebeBlog. Abgerufen am 7. August 2022, von https://www.lebeblog.de/menschen-manipulation/

Francis, T. und Hoefel, F. (2022, 4. Februar). *'True Gen': Generation Z and its implications for companies*. McKinsey & Company. Abgerufen am 19. August 2022, von https://www.mckinsey.com/industries/consumer-packaged-goods/our-insights/true-gen-generation-z-and-its-implications-for-companies

Frauenhauskoordinierung e. V. (o. D.). *Frauenhaus- und Fachberatungsstellensuche*. Frauenhauskoordinierung. Abgerufen am 20. August 2022, von https://www.frauenhauskoordinierung.de/hilfe-bei-gewalt/frauenhaus-und-fachberatungsstellensuche?tx_kswomenssupport_orgas%5Baction%5D=osmsearch&tx_kswomenssupport_orgas%5Bcontroller%5D=Orga&cHash=9174202a40543c1fcd-4cbf36d908ca68#searchform_container

FrechesAuge. (2017, 10. Januar). *Achtung, Kundenfalle! ZDFzeit Doku vom 22. 11. 2016* [Video]. YouTube. https://www.youtube.com/watch?v=n_xca7JinAY

Friedrich, A. (2021, 19. Oktober). *„Alle drei Tage": Warum Männer Frauen töten*. NDR Kultur. Abgerufen am 7. August 2022, von https://www.ndr.de/kultur/sachbuchpreis/Alle-drei-Tage-Sachbuch-ueber-Femizid-von-Backes-und-Bettoni,dreitage116.html

Gilette [Gilette Venus Deutschland]. (2021, 27. April). *Unser Comfortglide Spa Breeze Rasierer mit flexiblen Gelkissen, Gillette Venus* [Video]. YouTube. https://www.youtube.com/watch?v=b3FmF7C_BZM

Green, J. (2014). *Das Schicksal ist ein mieser Verräter: Roman* (S. Zeitz, Übers.; 28. Aufl.). Carl Hanser Verlag.

Grossmann, S. (2022, 3. Juni). *Staatlich verordneter Schutz: Impfpflicht damals und heute*. NDR. Abgerufen am 26. August 2022, von https://www.ndr.de/geschichte/chronologie/Impfpflicht-in-Deutschland-damals-und-heute-Von-Pocken-bis-Corona,impfpflicht296.html

Gutt, F. (2020, 28. August). *Medienmanipulation: 10 Strategien, mit denen Medien uns manipulieren*. Gedankenwelt. Abgerufen am 9. August 2022, von https://gedankenwelt.de/medienmanipulation-10-strategien-mit-denen-medien-uns-manipulieren/

HateAid.org. (2021, 4. Oktober). *Wolf im Schafspelz? Die Täter-Opfer-Umkehr*. HateAid. Abgerufen am 20. August 2022, von https://hateaid.org/taeter-opfer-umkehr/

Herbert, B. (2022, 27. Mai). *„Unser Gehirn empfängt ständig Signale aus dem Körper …* Hochschule Fresenius. Abgerufen am 11. August 2022, von https://www.hs-fresenius.de/blog/gesundheit-therapie-soziales/interozeption-adipositas-studien-interview/

Herr Thömmes aus Ost-Berlin, TAZ Archiv. (1989, 13. Oktober). *Die größte Muskelparty der DDR*. TAZ Verlags- und Vertriebs GmbH. Abgerufen am 22. August 2022, von https://taz.de/!1795041/

Hilfetelefon Gewalt an Männern. (o. D.). *Hilfetelefon Gewalt an Männern.* Hilfetelefon Gewalt an Männern. NRW. Abgerufen am 20. August 2022, von https://www.maennerhilfetelefon.de/

Hipp, A. (2018, 29. November). *Re:publica in Ghana: Wie das Internet Westafrika verändern soll.* Der Tagesspiegel. Abgerufen am 28. August 2022, von https://www.tagesspiegel.de/gesellschaft/re-publica-in-ghana-wie-das-internet-westafrika-veraendern-soll/23674038.html

Hoffmann, S. (2022, 6. Januar). *Blaulicht: Darum ist das Blaulicht blau – und nicht rot.* GEO.

Holzmüller, I. (2021, 24. Februar). *Victim Blaming vor Gericht: „Täter wissen, dass sie damit durchkommen".* profil.at. Abgerufen am 20. August 2022, von https://www.profil.at/gesellschaft/victim-blaming-vor-gericht-aziz-10490910

Hotten, B. R. (2015, 10. Dezember). *Volkswagen: The scandal explained.* BBC News. Abgerufen am 19. August 2022, von https://www.bbc.com/news/business-34324772

HUGO BOSS Perfumes [Pulse Perfumes]. (2016, 9. Juni). *BOSS The Scent. Official Video with Theo James* [Video]. YouTube. https://www.youtube.com/watch?v=BvoXUP6TdEY

Jabs, A. (2013, 26. November). *Manipulation am Arbeitsplatz: Mit viel zu viel Gefühl.* Hesse/Schrader Berufsstrategie. Abgerufen am 22. August 2022, von https://www.berufsstrategie.de/nachrichten-jobwelt-bewerbung/manipulation.php

Jachtchenko, W. (2022, 23. August). Schwarze Rhetorik: Wie erkennen + abwehren? karrierebibel.de. Abgerufen am 22. September 2022, von https://karrierebibel.de/schwarze-rhetorik/

Kandola, A. (2020, 5. November). *What is an anti-vaxxer?* MedicalNewsToday. Abgerufen am 26. August 2022, von https://www.medicalnewstoday.com/articles/anti-vaxxer#what-do-anti-vaxxers-believe

Kaufmann, J. F. (2014, 22. November). *Warum kann ich mir kaum vertraute Gesichter vorstellen?* dasGehirn.info. Abgerufen am 5. August 2022, von https://www.dasgehirn.info/aktuell/frage-an-das-gehirn/warum-kann-ich-mir-kaum-vetraute-geischter-vorstellen

Kemner, B. (2020, 4. Juni). *Warum wir für Manipulation anfällig sind.* www.brigitta-kemner.com. Abgerufen am 11. August 2022, von https://www.brigitta-kemner.com/warum-wir-fuer-manipulation-anfaellig-sind/

Krajicek, D. J. (2011, 13. März). The killing of Kitty Genovese: 47 years later, still holds sway over New Yorkers. *New York Daily News*. Abgerufen am 30. August 2022, von https://web.archive.org/web/20121025113758/http://articles.nydailynews.com/2011-03-13/news/29139732_1_winston-moseley-genovese-murder-kitty-genovese

Krauthausen, R. (2021, 24. September). *Umweltschutz und Behinderung: Nicht ohne meinen Strohhalm!* DER SPIEGEL. Abgerufen am 20. August 2022, von https://www.spiegel.de/panorama/umweltschutz-und-behinderung-nicht-ohne-meinen-strohhalm-a-c9b45903-b174-4f52-befe-983de841ba45

Krol, B. (2021, 23. Dezember). *Deutscher Bundestag: Lobbyisten.* Deutsche Geschichte – Geschichte – Planet Wissen. Abgerufen am 21. August 2022, von https://www.planet-wissen.de/geschichte/deutsche_geschichte/der_deutsche_bundestag/lobbyisten-100.html#Das_Heer_der_Lobbyisten_ist_gross

Langer, A. (2019, 16. September). *Vom Liebesschwur zum Mord – wie Risikobeziehungen eskalieren.* DER SPIEGEL Panorama. Abgerufen am 13. August 2022, von https://www.spiegel.de/panorama/justiz/femizide-vom-liebesschwur-zum-mord-wie-risikobeziehungen-eskalieren-a-1285904.html

Langhammer, F. (2015, 25. Mai). *Wie Düfte uns manipulieren.* Spektrum. Abgerufen am 1. September 2022, von https://www.spektrum.de/news/wie-duefte-uns-manipulieren/1347043

Lant, K. (2019). *Diese Wirkung haben Farben in Marketing und Werbung.* 99designs. Abgerufen am 1. September 2022, von https://99designs.de/blog/design-tipps/farben-marketing-werbung/

Lehnert, B. und Gerberding, C. (2022, 5. April). *Gewalt gegen Frauen: Jeden dritten Tag geschieht ein Femizid.* NDR Kultur. Abgerufen am 7. August 2022, von https://www.ndr.de/kultur/Femizide-in-Deutschland-Wenn-Maenner-Frauen-toeten,femizid100.html

Lemann, N. (2014, 3. März). A Call for Help. What the Kitty Genovese story really means. *The New Yorker.* Abgerufen am 31. August 2022, von https://www.newyorker.com/magazine/2014/03/10/a-call-for-help

Levenson, E. C. (2021, 30. März). *Former officer Derek Chauvin knelt on George Floyd for 9 Minutes and 29 Seconds – Not the infamous 8:46.* CNN. Abgerufen am 23. August 2022, von https://edition.cnn.com/2021/03/29/us/george-floyd-timing-929-846/index.html

Lukas von Gedankenwelt. (2016, 10. November). *Geben und Nehmen: Das Prinzip der Gegenseitigkeit.* Gedankenwelt. Abgerufen am 13. August 2022, von https://gedankenwelt.de/geben-und-nehmen-das-prinzip-der-gegenseitigkeit/

Lund, N. (o. D.). *Matters of Debate. Not a Second Class Right: The Second Amendment Today. The National Constitution Center.* Constitutioncenter.org. Abgerufen am 17. August 2022, von https://constitutioncenter.org/interactive-constitution/interpretation/amendment-ii/interps/99#not-a-second-class-right-the-second-amendment-today-nelson-lund

Lund, N. und Winkler, A. (o. D.). *Interpretation: The Second Amendment | The National Constitution Center.* Constitutioncenter.Org. Abgerufen am 17. August 2022, von https://constitutioncenter.org/interactive-constitution/interpretation/amendment-ii/interps/99

Mai, J. (2021, 17. Dezember). *Manipulation erkennen + abwehren: Arten, Beispiele.* karrierebibel.de. Abgerufen am 22. August 2022, von https://karrierebibel.de/manipulation/

Mai, J. (2022a, 6. Mai). *Narzissmus: Eine einfache Frage entlarvt jeden Narzissten.* karrierebibel.de. Abgerufen am 25. August 2022, von https://karrierebibel.de/narzissmus/

Mai, J. (2022b, 18. Mai). *Gaslighting erkennen: Test, Beispiele + Tipps: wie wehren?* karrierebibel.de. Abgerufen am 24. August 2022, von https://karrierebibel.de/gaslighting/

Manipulation. (1908). In *Meyers Großes Konversations-Lexikon* (Bd. 13, S. 227). Bibliographisches Institut Leipzig/Wien.

mdr Wissen. (2021, 14. April). *Wie Düfte unser Konsumverhalten manipulieren.* mdr.de. Abgerufen am 1. September 2022, von https://www.mdr.de/wissen/mensch-alltag/gerueche-manipulation-100.html

Medscape. (2019, 12. September). *Narcissistic Personality Disorder Clinical Presentation* [Video]. YouTube. https://www.youtube.com/watch?v=TgpcSg2ZeOs

Mehl, P. (2019, 28. August). *Filmzitate „Der Pate" – die besten Sprüche aus dem Mafia-Klassiker.* Kino.de. Abgerufen am 13. August 2022, von https://www.kino.de/film/der-pate-1972/news/filmzitate-der-pate-die-besten-sprueche-aus-dem-mafia-klassiker/

Meismann, J. (2022, 28. Juli). *Love Scammer identifizieren – so erkennen Sie Liebesbetrüger.* Detektei Condor. Abgerufen am 28. August 2022, von https://www.detectivecondor.de/ratgeber/love-scammer-identifizieren/

Merriam-Webster. (o. D.-a). *Bystander.* The Merriam-Webster.com Dictionary. Abgerufen am 30. August 2022, von https://www.merriam-webster.com/dictionary/bystander

Merriam-Webster. (o. D.-b). *Gaslighting*. The Merriam-Webster. com Dictionary. Abgerufen am 5. August 2022, von https://www. merriam-webster.com/dictionary/gaslighting

Mezzofiore, G. (2018, 26. März). *No, Emma Gonzalez did not tear up a photo of the Constitution*. CNN. Abgerufen am 17. August 2022, von https://edition.cnn.com/2018/03/26/us/emma-gonzalez-photo-doctored-trnd/index.html

MissyRedaktion. (2022, 7. Juli). *Hä, was heißt Toxic Masculinity?* Missy Magazine. Abgerufen am 20. August 2022, von https://missy-magazine.de/blog/2018/08/16/hae-was-heisst-toxic-masculinity/

Mitchell, M. (2021, 1. September). *How Did João Teixeira de Faria Get the Nickname „John of God" and Where Is He Now?* Newsweek. Abgerufen am 28. August 2022, von https://www.newsweek.com/john-god-nickname-joao-teixeira-de-faria-where-john-god-now-today-1623007

Mohr, M. [ZDFzeit]. (2019, 7. Oktober). *Lidl: Die Insider* [Video]. ZDFmediathek. https://www.zdf.de/dokumentation/zdfzeit/zdfzeit-lidl-die-insider-100.html

Monaghan, K. (2016, 21. April). *How To Deal With A Manipulator In Your Workplace*. Forbes. Coaches Council. Abgerufen am 22. August 2022, von https://www.forbes.com/sites/forbescoachescouncil/2016/04/21/how-to-deal-with-a-manipulator-in-your-workplace/

Monckton-Smith, J. (2020). *Intimate Partner Femicide: Using Foucauldian Analysis to track an Eight Stage Relationship Progression to Homicide*. https://doi.org/10.1177/1077801219863876

Schlott, M. (2021, 25. November). Hohe Dunkelziffer bei häuslicher Gewalt: Besserer Schutz von Frauen gefordert. swr.online. Abgerufen am 22. September 2022, von https://www.swr.de/swraktuell/baden-wuerttemberg/suedbaden/femizide-schweiz-will-den-schutz-von-frauen-verbessern-100.html

Stokowski, M. (2021, 29. Juni). Zehn Schritte, um Morde an Frauen zu verhindern. DER SPIEGEL, Hamburg, Germany. Abgerufen am 22. September 2022, von https://www.spiegel.de/kultur/was-tun-gegen-femizide-kolumne-von-margarete-stokowski-a-6c623166-4472-4c0a-b80e-f772611ec64a

Nandelstädt, S. (2022, 14. März). *Impfungen sei Dank: 8 Krankheiten, die Sie fast vergessen haben.* Deutsches Komitee für UNICEF e. V. Unicef. Abgerufen am 26. August 2022, von https://www.unicef.de/informieren/aktuelles/blog/dank-impfen-fast-vergessene-infektionskrankheiten/239398

Nass, D. (2020, 9. Dezember). *How Much Did the NRA Spend to Support Republicans in 2020?* The Trace. Abgerufen am 17. August 2022, von https://www.thetrace.org/2020/08/nra-2020-election-spending-trump/

Nitsch, H. (2022, 4. August). *Kontaktlandkarte.* Männergewaltschutz. Abgerufen am 20. August 2022, von https://www.maennergewaltschutz.de/maennerschutz-und-beratung/maennerschutzeinrichtungen/

Nogueira, F. (2019, 2. Juli). *The Not So Divine Acts of Medium 'John of God'.* Skeptical Inquirer. Abgerufen am 28. August 2022, von https://skepticalinquirer.org/2019/07/the-not-so-divine-acts-of-medium-john-of-god/

Noyes, L. (2021, 31. Dezember). *A Guide to Greenwashing and How to Spot It.* EcoWatch. Abgerufen am 21. August 2022, von https://www.ecowatch.com/greenwashing-guide-2655331542.html

NRA. (o. D.). *NRA Membership. FAQ.* National Rifle Association. Abgerufen am 17. August 2022, von https://membership.nra.org/FAQ

Oberreiter, S. [McDonald's Österreich]. (2013, 6. September). *„Warum schauen die Burger nicht so aus wie in der Werbung?"* [Video]. YouTube. https://www.youtube.com/watch?v=8qKazTaI-Gos

OctoWeb LLC. (2022, 26. Januar). Die besten Browser-Erweiterungen für sicheres Surfen. PC Pro. Abgerufen am 30. September 2022, von https://www.pcpro.de/browser-erweiterungen-fuer-sicheres-surfen/

O'Kane, C. (2020, 8. Juni). *„Say their names": The List of People injured or killed in officer-involved Incidents is still growing.* CBS News. Abgerufen am 23. August 2022, von https://www.cbsnews.com/news/say-their-names-list-people-injured-killed-police-officer-involved-incidents/

OroVerde: Die Tropenwald-Stiftung. (o. D.). *Wie viele Erden brauche ich? Was ist der Overshot Day?* regenwald-schützen.org. Abgerufen am 19. August 2022, von https://www.regenwald-schuetzen.org/regenwald-wissen/regenwald-und-klimaschutz/wie-viele-erden-brauche-ich/

Parker, L. (2021, 3. Mai). *A whopping 91 % of plastic isn't recycled.* National Geographic. Abgerufen am 19. August 2022, von https://www.nationalgeographic.com/science/article/plastic-produced-recycling-waste-ocean-trash-debris-environment

Patriot Act with Hasan Minhaj. (2018). *On the Broken Policing System* (Folge 6 in Ausgabe 4). Netflix.

Philpot, R., Liebst, L. S., Levine, M., Bernasco, W. und Lindegaard, M. R. (2020). Would I be helped? Cross-national CCTV footage shows that intervention is the norm in public conflicts. *American Psychologist, 75*(1), 66–75. https://doi.org/10.1037/amp0000469

Pittaro, M. (2018, 21. November). *Implicit Bias Within the Criminal Justice System.* PsychologyToday. Abgerufen am 23. August 2022, von https://www.psychologytoday.com/us/blog/the-crime-and-justice-doctor/201811/implicit-bias-within-the-criminal-justice-system

Police1 by Lexipol. (2005, 4. März). *The psychological influence of the police uniform.* Police1. Abgerufen am 31. August 2022, von https://www.police1.com/police-products/apparel/uniforms/articles/the-psychological-influence-of-the-police-uniform-bhN9cdehTsvjzbMh/

Psych2Go. (2020, 18. Oktober). *8 Signs of a Manipulative Personality* [Video]. YouTube. https://www.youtube.com/watch?v=1CxH07x83nI

Psych2Go. (2021a, 9. Januar). *7 Types of People You Can't Help* [Video]. YouTube. https://www.youtube.com/watch?v=3vuBoe9Mp6M&list=WL&index=4

Psych2Go. (2021b, 3. April). *5 Signs You're Unintentionally Manipulative* [Video]. YouTube. https://www.youtube.com/watch?v=ubJe4w3Xm70

Psych2Go. (2021c, Mai 24). *7 Examples Of Emotional Manipulation* [Video]. YouTube. https://www.youtube.com/watch?v=vhtszxAaciE

Rabe, L. (2022, 20. April). *Online-Dating: Daten und Fakten zur Partnersuche über das Internet.* Statista. Abgerufen am 28. August 2022, von https://de.statista.com/themen/885/online-dating/

Randi, J. (2014, 10. Juni). *From the Archives: Randi's inside scoop into ABC News' „John of God" investigation (2005).* JREF. Abgerufen am 28. August 2022, von https://web.randi.org/home/from-the-archives-randis-inside-scoop-into-abc-news-john-of-god-investigation-2005

Raphael, S. (2020, 6. November). *Does Castiel Really Die on „Supernatural"? Fans Are Devastated.* Distractify. Abgerufen am 1. September 2022, von https://www.distractify.com/p/does-castiel-die-supernatural

RedaktionsNetzwerk Deutschland. (2019, 18. Oktober). *Rabatte, Verknappung, Manipulation: So trickst der Handel seine Kunden aus.* RND.de. Abgerufen am 31. August 2022, von https://www.rnd.de/wirtschaft/rabatte-verknappung-manipulation-so-trickst-der-handel-seine-kunden-aus-QLJPAWEZVZFGXMJZD2KON5NTE4.html

Redaktionsteam von Gedankenwelt. (2022, 20. Mai). *Der Quetelet-Index oder warum der BMI (Body Mass Index) nicht mehr zeitgemäß ist.* Gedankenwelt. Abgerufen am 31. August 2022, von https://gedankenwelt.de/der-quetelet-index-oder-warum-der-bmi-body-mass-index-nicht-mehr-zeitgemaess-ist/

Rehder, S. (2020, 20. August). *Die Abtreibungslobby: Wölfe im Schafspelz.* Die Tagespost. Klarer Kurs, Katholischer Journalismus. Abgerufen am 26. August 2022, von https://www.die-tagespost.de/politik/die-abtreibungslobby-woelfe-im-schafspelz-art-211184

MM Redaktion. (2018, 10. März). Die Bücher mit den größten Auflagen der Welt. Magazin MEDIEN. German Publishing Group GmbH. Abgerufen am 30. September 2022, von https://magazinmedien.de/gigantische-druckauflagen-von-buechern/

Reisinger, E. (2018, 23. Januar). *ZEIT ONLINE. Sexistinnen: Warum kämpfen manche Frauen gegen Frauen?* ZEIT ONLINE. Abgerufen am 20. August 2022, von https://www.zeit.de/zustimmung?url=https%3A%2F%2Fwww.zeit.de%2Fzett%2Fpolitik%2F2018-01%2Fwas-treibt-sexistinnen-an

Robinson, D. (2022a, 15. Juli). *10 Companies and Corporations Called Out For Greenwashing.* Earth.Org. Abgerufen am 19. August 2022, von https://earth.org/greenwashing-companies-corporations/

Robinson, D. (2022b, 8. August). *What is Greenwashing and How to Avoid It.* Earth.org. Abgerufen am 19. August 2022, von https://earth.org/what-is-greenwashing/

Rose von Autostraddle. (2021, 2. Mai). *How Do We Solve A Problem Like "Queerbaiting"?: On TV's Not-So-Subtle Gay Subtext.* Autostraddle. Abgerufen am 1. September 2022, von https://www.autostraddle.com/how-do-we-solve-a-problem-like-queerbaiting-on-tvs-not-so-subtle-gay-subtext-182718/

Rückert, S., Sentker, A. und Timm, T. (2020, 21. April). *ZEIT ONLINE. Zeit Verbrechen Podcast, Folge 53. Wolfgang Beltracchi: Wie ein Kunstfälscher die ganze Welt zum Narren hielt.* ZEIT Online. Abgerufen am 8. August 2022, von https://www.zeit.de/zustimmung?url=https%3A%2F%2Fwww.zeit.de%2Fgesellschaft%2F2020-04%2Fwolfgang-beltracchi-kunstfaelscher-kriminalpodcast

Sarah von Gedankenwelt. (2018, 2. Juli). *9 Zeichen für psychologische Manipulation.* Gedankenwelt. Abgerufen am 11. August 2022, von https://gedankenwelt.de/9-zeichen-fuer-psychologische-manipulation/

Sarkis, S. A. (2017, 22. Januar). *11 Red Flags of Gaslighting in a Relationship.* PsychologyToday. Abgerufen am 24. August 2022, von https://www.psychologytoday.com/intl/blog/here-there-and-everywhere/201701/11-red-flags-gaslighting-in-relationship

Sauter, A. (o. D.). *Vorsicht bei geschönten Werbeversprechen!* Deutsche Umwelthilfe e. V. Abgerufen am 19. August 2022, von https://www.duh.de/themen/verbraucher/verbrauchertaeuschung/greenwashing/

Sawakinome. (o. D.). *Unterschied zwischen Sekte und Kult/Religion.* Der Unterschied zwischen ähnlichen Objekten und Begriffen. Abgerufen am 25. August 2022, von https://www.sawakinome.com/articles/philosophy/difference-between-sect-and-cult.html

Schattauer, G. (2022, 11. Juli). *„Niemand, der uns hört!": Ein Jahr nach der Flut im Ahrtal wächst die Wut der Opfer.* FOCUS Online. Abgerufen am 19. August 2022, von https://www.focus.de/perspektiven/flutreporter/focus-online-serie-zum-hochwasser-nach-der-trauer-kam-die-wut-der-grosse-ahrtal-report-ein-jahr-nach-der-flut_id_110230084.html

Schütze, L. und Bartsch, L. (2022, 7. August). *Mord auf Ex. Folge 132. In Gottes Händen: der Wunderheiler.* Spotify. Abgerufen am 28. August 2022, von https://open.spotify.com/episode/4llzCZl5Cf3IypHYhaRu9I

Fall beginnt ab Minute 04:40

Schwarcz, J. (2016, 22. Juli). *The Right Chemistry: Brazilian „healer" John of God leads Cancer Patients by the Nose.* Montreal Gazette. Abgerufen am 28. August 2022, von https://montrealgazette.com/opinion/columnists/the-right-chemistry-brazilian-healer-john-of-god-leads-cancer-patients-by-the-nose

Science Media Center Germany. (2022, 16. Juli). *Bewirkt der Klimawandel die heftigen Regenfälle?* Abgerufen am 19. August 2022, von https://www.sciencemediacenter.de/alle-angebote/rapid-reaction/details/news/bewirkt-der-klimawandel-die-heftigen-regenfaelle/

Sentker, A., Rückert, S. und Sußebach, H. (2021, 14. Dezember). *ZEIT ONLINE. Onlinedating: Die Venusfalle. Podcast: Verbrechen Folge 97.* ZEIT ONLINE. Abgerufen am 28. August 2022, von https://www.zeit.de/zustimmung?url=https%3A%2F%2Fwww.

zeit.de%2Fgesellschaft%2F2021-12%2Fbetrug-online-dating-verbrechen-podcast

Silbermann, N. (2008, 2. Mai). *Evolution: Warum Angst für den Menschen so wichtig ist.* Die Welt. Abgerufen am 9. August 2022, von https://www.welt.de/wissenschaft/article1958002/Warum-Angst-fuer-den-Menschen-so-wichtig-ist.html

Singer, W. (o. D.). *Ist der freie Wille wirklich frei? dasGehirn.info – der Kosmos im Kopf.* dasGehirn.info. Abgerufen am 11. August 2022, von https://www.dasgehirn.info/aktuell/frage-an-das-gehirn/ist-der-freie-wille-wirklich-frei?gclid=EAIaIQobChMIrKm8z-qng8QIVC5_VCh14FgJ2EAAYASAAEgLS5vD_BwE

Sit, R. (2018, 22. Februar). *Here's Why the NRA Is So Powerful and Why Gun Control Advocates Have Reason for Hope.* Newsweek. Abgerufen am 17. August 2022, von https://www.newsweek.com/nra-gun-control-parkland-florida-school-shooting-campaign-donations-813940

Smail, G. (2021, 25. August). *Where Is João Teixeira de Faria Now? He Was Sentenced To Prison.* Bustle. Abgerufen am 28. August 2022, von https://www.bustle.com/entertainment/where-is-joao-teixeira-de-faria-john-of-god-now-still-in-prison

Smith, K. P. (2021, 30. September). *Invisible Victims: When Men Are Abused.* Psych Central. Abgerufen am 20. August 2022, von https://psychcentral.com/blog/invisible-victims-when-men-are-abused#ways-men-are-abused

Song, Y.-S. (2009, 21. September). *Werbekampagne: Die Bestatter werden frech.* Der Tagesspiegel. Abgerufen am 13. August 2022, von https://www.tagesspiegel.de/wirtschaft/werbekampagne-die-bestatter-werden-frech/1603312.html

Speltz, M. (2016, 22. September). *How Photographs Define the Civil Rights and Black Lives Matter Movements.* TIME. Abgerufen am 23. August 2022, von https://time.com/4429096/black-lives-matter-civil-rights-photography/

SpiegelTV. (2022, 3. August). *Die Tinder-Schwindler: Der Riesenbetrug mit der Liebe. SPIEGEL TV* [Video]. YouTube. https://www.youtube.com/watch?v=EVWhKPVXSG4

Stämpfli, S. und Schmalz-1, U. (2021, 30. Juni). *So konnte João de Deus die Schweizerinnen manipulieren.* Nau.ch. Abgerufen am 28. August 2022, von https://www.nau.ch/news/videos/so-konnte-joao-teixeira-de-faria-die-schweizerinnen-manipulieren-65465216

STRG_F. (2022, 9. August). *Warum starb Constanze K.? STRG_F* [Video]. YouTube. https://www.youtube.com/watch?v=a8_TulA_uHk

Suhr, F. (2020, 21. September). *Immer mehr Geld für Werbung auf Facebook und Co.* Statista. Abgerufen am 13. August 2022, von https://de.statista.com/infografik/22976/ausgaben-fuer-social-media-werbung-in-deutschland/

Sword, R. K. M. und Zimbardo, P. (2015, 27. Februar). *The Bystander Effect.* PsychologyToday. Abgerufen am 31. August 2022, von https://www.psychologytoday.com/us/blog/the-time-cure/201502/the-bystander-effect

SWR Wissen. (2021, 7. Dezember). *Wie wirkt sich Mikroplastik im Blut auf den Körper aus?* swr.online. Abgerufen am 20. August 2022, von https://www.swr.de/wissen/mikroplastik-im-blut-auswirkungen-auf-den-koerper-100.html

Tech Insider. (2016, 14. Mai). *The first vaccine was created thanks to a shocking experiment on an 8-year-old boy.* Insider. Abgerufen am 26. August 2022, von https://www.insider.com/edward-jenner-smallpox-vaccine-2016-5

TEDxCheltenham [TEDx Talks]. (2022, 10. Juni). *The Homicide Timeline. Dr Jane Monckton-Smith. TEDxCheltenham* [Video]. YouTube. https://www.youtube.com/watch?v=sQ0W4ZT5ju4

The Irish Times. (1999, 12. Juni). *Waiting for the miracle man.* Abgerufen am 28. August 2022, von https://www.irishtimes.com/news/waiting-for-the-miracle-man-1.195279

Tripney, N. (2020, 26. März). *Gaslight: The Return of the Play that defined Toxic Masculinity.* The Guardian. Abgerufen am 5. August 2022, von https://www.theguardian.com/stage/2019/oct/08/victorian-melodrama-gaslight-love-island-psychological-abuse-patrick-hamilton-play-buzzword

Tunk, C. (2021, 11. Mai). *So fälschte sich Beltracchi zu einem 50-Mio-Euro-Vermögen.* ZASTER Magazin. Abgerufen am 8. August 2022, von https://www.zaster-magazin.de/wolfgang-beltracchi/

WDRdoku. (2022, 17. Februar). *Mehr als ein Mord: Er schleicht in ihre Wohnung (2/4). WDR Doku* [Video]. YouTube. https://www.youtube.com/watch?v=rNNB7IuW6zA

Weinman, S. (2016, 9. April). *Why we still look away: Kitty Genovese, James Bulger and the bystander effect.* The Guardian. Abgerufen am 30. August 2022, von https://www.theguardian.com/society/2016/apr/09/kitty-genovese-jamie-bulger-bystander-effect

Wheeler, P. (2018, 10. April). *Nestlé misses the mark with statement on tackling its single-use plastics problem.* Greenpeace USA. Abgerufen am 19. August 2022, von https://www.greenpeace.org/usa/news/nestle-aiming-at-100-recyclable-or-reusable-packaging-by-2025/

White, T. (2021, 21. Mai). *Defining – and Addressing – Toxic Masculinity.* Healthline. Abgerufen am 21. August 2022, von https://www.healthline.com/health/toxic-masculinity#societal-impact

Wimmer, D. J. [Die Techniker]. (2022, 1. Juli). *Toxic Positivity* [Video]. YouTube. https://www.youtube.com/watch?v=rLg7iZgbP20&list=WL&index=3

Wing, N. (2017, 7. Dezember). *When The Media Treats White Suspects And Killers Better Than Black Victims.* HuffPost. Abgerufen am 23. August 2022, von https://www.huffpost.com/entry/media-black-victims_n_5673291

World Health Organization, Newsroom. (o. D.). *History of smallpox vaccination.* WHO. Abgerufen am 26. August 2022, von https://www.who.int/news-room/spotlight/history-of-vaccination/history-of-smallpox-vaccination

Yan, H. C. (2017, 4. Mai). *„Black Lives Matter" cases: When Controversial Killings lead to Change.* CNN. Abgerufen am 23. August

2022, von https://edition.cnn.com/2017/05/04/us/black-lives-matter-updates-may-2017/index.html

Yeo, E. S. [TEDxTalks]. (2019, 26. Juni). *Let's Be Humans: A Criticism Against Hustle Culture. Yeo Eun Shin. TEDxYouth@HAFS* [Video]. YouTube. https://www.youtube.com/watch?v=GceA-plY4WsY&list=WL&index=1

Y-Kollektiv. (2019, 19. Dezember). *Wunderheiler – Was steckt dahinter? Betrug oder Alternative zur Schulmedizin?* Zweites Deutsches Fernsehen. ZDFmediathek. Abgerufen am 28. August 2022, von https://www.zdf.de/funk/ykollektiv-1059/funk-wunderheiler---was-steckt-dahinter-betrug-oder-alternative-zur-schulmedizin-100.html

ZDF History [ZDF Mediathek]. (2021, 13. März). *Impfungen – Wundermittel oder Teufelszeug?* [Video]. ZDFmediathek. https://www.zdf.de/dokumentation/zdf-history/impfungen--wundermittel-oder-teufelszeug-100.html

ZDF Mediathek. (2018, 25. August). *Inside the Criminal Mind: Sektenführer*. Zweites Deutsches Fernsehen. Abgerufen am 25. August 2022, von https://www.zdf.de/dokumentation/zdfinfo-doku/inside-the-criminal-mind-sektenfuehrer-102.html

Zweites Deutsches Fernsehen. (2021, 26. Juni). *Floyd-Prozess: 22,5 Jahre Haft für Chauvin*. ZDFheute. Abgerufen am 23. August 2022, von https://www.zdf.de/nachrichten/politik/george-floyd-haftstrafe-derek-chauvin-100.html

Dieses Buch wurde in Übereinstimmung mit den GPSR-Richtlinien der EU zur Sicherheit von Produkten erstellt.

Die Verordnung über die allgemeine Produktsicherheit ist der aktualisierte Rahmen der Europäischen Union, um sicherzustellen, dass alle Verbraucherprodukte, einschließlich Bücher, für Verbraucher sicher sind.

Dieses Buch wurde von Libri Plureos GmbH gedruckt. Der Drucker hat Sicherheitszertifikate für die verwendeten Materialien wie Tinte, Papier und Kleber ausgestellt.

Die Produktkennung ist: 9781961398009

Der Autor ist für den Inhalt des Buches verantwortlich und hat das Buch von Bookmundo produzieren lassen.

Sollten Sie Fragen zur Sicherheit des Produkts haben, kontaktieren Sie uns bitte.

Bookmundo
Delftsestraat 33
3013AE Rotterdam
Die Niederlande
info@bookmundo.com